Sumergidos en Él

L. Emerson Ferrell

Voice Of The Light Ministries

Sumergidos En Él

L. Emerson Ferrell

VOICE OF THE LIGHT MINISTRIES

SUMERGIDOS EN ÉL
Título original: IMMERSED IN HIM

© L. Emerson Ferrell
2a Edición 2011.

Todos los derechos reservados. Prohibida toda reproducción total o parcial, así como cualquier tipo de transmisión, ya sea electrónica o mecánica, incluyendo fotocopiado, grabación de todo tipo, o cualquier tipo de almacenamiento de información o sistemas de copiado de información , (incluyendo libros en audio, en sus diversas formas), sin el permiso por escrito de parte del autor.

Todas las Escrituras de referencia han sido tomadas de las siguientes fuentes de información:

- **La Biblia Versión 1.1 (AMP)** © 1954, 1958, 1962, 1964, 1965, 1987 por The Lockman Foundation, La Habra, CA 90631, Todos los derechos reservados. www.lockman.org
- **Biblia New American Standard, Edición 1995** con números relacionados a la concordancia Strong ©1960, 1962, 1963, 1968, 1971, 1972, 1973, 1975, 1977, 1995 by The Lockman Foundation, Todos los derechos reservados. Versión King James, Versión con números relacionados a la concordancia Strong, de dominio público. Versión American Standard de 1901, de dominio público.
- **La Biblia Versión Bible in Basic English (BBE, 1965)**, de dominio público. Cambridge Press en Inglaterra imprimió la Versión de la Biblia Bible In Basic English in 1965 . Publicada sin derechos de autor y distribuida en los Estados Unidos de América . Esta obra cayó de inmediato y en forma irremediable en el dominio público dentro de los Estados Unidos de América de acuerdo al Convenio de UCC de aquel entonces.
- **J.N. Darby. La Biblia Versión The 'Holy Scriptures': Una nueva traducción derivada de los lenguajes originales, de dominio público.** La Biblia Versión World English Bible (WEB) - "World English Bible" es una marca registrada de Rainbow Missions, Inc. Se ha obtenido el permiso para usar el nombre "World English Bible" y su logotipo solo para las copias de las traducciones que se encuentran en dominio público de la Santa Biblia que tienen este mismo nombre y que han sido publicadas por Rainbow Missions, Inc. La Santa Biblia Versión World English Bible no cuenta con derechos de autor registrados.
- **El Nuevo testamento Versión Weymouth New Testament en lenguaje moderno (1913), de dominio público.** Traducción literal de la Santa Biblia llamada Young's Literal Translation of the Holy Bible, de dominio público. La Santa Biblia Versión The NET Bible®, 1a Edición. La traducción que se explica a sí mismaTM © 1996-2005 por Biblical Studies Press, L.L.C. Todos los derechos reservados.
- **La Santa Biblia Versión y traducción GOD'S WORD®, ©1995.** La Palabra de Dios a todas las naciones. Todos los derechos reservados. Publicada por: Green Key Books, 2514 Aloha Place, Holiday, Florida 34691. La Santa Biblia Versión The Holy Bible, por Noah Webster, LL. D. (1833), de dominio público.

Todas las referencias de la Biblia, a menos que así se indique, están tomadas de la Santa Biblia, Versión LA BIBLIA DE LAS AMÉRICAS. Derechos de autor, © 1986, 1995, 1997 por La Fundación Lockman, usadas con su permiso.

Categoría: Reino de Dios
Publicado por: Voice Of The Light Ministries/ Estados Unidos
Teléfono: +1.904.834.2447
- P.O. Box 3418 Ponte Vedra, FL 32004
Impreso por: Estados Unidos de América
Diagramación: Andrea Jaramillo

---

www.voiceofthelight.com | www.vozdelaluz.com
Voice Of The Light Ministries - Ponte Vedra, Florida, 32004 / U.S.A

ISBN 978-1-944681-26-5

CONTENIDO

Introducción 9

I. SECCIÓN La Revelación de Génesis 17
   1. La Frecuencia del Amor es Fe 25
   2. Los Ambitos Visible e Invisible 35
   3. La Trinidad y la Creación 39
   4. La Palabra y La Luz 45
   5. El Agua, un Elemento Celestial............................57

II. SECCIÓN La Conciencia de Adán 69
   6. Dualidad: El Nacimiento de la Religión 75
   7. El Ilusionista 83
   8. Imagen y Semejanza de Adán 91
   9. El Adán Químico 99

III. SECCIÓN El Segundo Adán 111
   10. Debes "nacer de nuevo" 115
   11. El Modelo Bíblico 123
   12. Entrar en Jesús es "nacer de nuevo" 129
   13. Mi Conversión...137
   14. El Verdadero Discipulado..................................145
   15. El Discipulado comienza en la Cruz..................153

IV. SECCIÓN La Reforma del Bautismo..................159
   16. Juan El Bautista 165
   17. Juan Bautiza a Jesús 171
   18. Jesús Bautizado en el Cristo 175
   19. Una Sola Inmersión 181
   20. Sumergido Dos Veces 185
   21. Sumergidos en la Completa Trinidad 189
   22. Mi Experiencia del Bautismo 197

V. SECCIÓN "Ese día" Es Ahora **205**
   Pensamientos Finales 219

Sumergidos en Él
L. Emerson Ferrell

INTRODUCCIÓN

Sumergidos en Él describe el viaje en el que el hombre se convierte en uno solo con el Cristo Viviente. Este libro te vuelve a conectar con el propósito inicial y con el poder del cristianismo. La emoción que sentiste después de haber encontrado a Cristo, penetrará tu alma nuevamente con oleadas de entusiasmo, que tal vez han estado enterradas bajo formas y tradiciones.

Este libro describe de manera muy simple pero muy profunda, los principios de Jesús para el cambio. Es mi deseo que comience una transformación en tu vida. Tu tienes que estar completamente armado con las revelaciones más fundamentales, a fin de convertirte en una nueva criatura en Cristo. Creo que las palabras "nacer de nuevo" han sido enseñadas en forma equivocada, y por consecuencia, están negando el dominio trascendental de Cristo y de Su reino.

Todos aquellos que han "nacido en Cristo" deben ser bautizados dentro de la Trinidad de Dios para poder completar la transición que fue diseñada y modelada por Cristo. La transformación es real y tu vida cambiará si permites que el Espíritu Santo hable mientras lees este libro.

Todos aquellos que necesitan ayuda y han intentado con la religión sin lograr éxito alguno, serán renovados por medio de las revelaciones que se encuentran en este libro.

Las pasiones de Cristo llenarán de energía a todos aquellos que están buscando desesperadamente las respuestas para poder vivir en medio de estos tiempos tan problemáticos.

Cada capítulo transportará tu espíritu a un nuevo nivel de entendimiento y de sabiduría, diseñado para exponerte ante la luz que no pudiste ver antes. La Palabra de Dios fue escrita para entrenarte, para gobernar y reinar por encima de todas tus circunstancias. Las dificultades que la mayoría de la gente están encarando se deben a un pensamiento equivocado.

Jesús enseñó un solo mensaje. Arrepiéntanse, porque el reino de Dios es AHORA MISMO. "Cambiar la forma en que piensas" es una de las definiciones de Arrepentirse. Nadie, y realmente quiero decir nadie, puede entrar al reino de Dios si no hace una reestructuración mental radical.

Todos ustedes que no están contentos con la revelación de Cristo recibida ayer, recibirán nuevas herramientas para poder encontrar un maná nuevo cada día. Además, proveerá a aquellos que sean suficientemente valientes para estudiarlo, del poder necesario para poder echar fuera al diablo de sus vidas, de una vez y para siempre, y de esta manera, poder vivir en forma victoriosa.

El poder que Cristo dejó a Su iglesia no ha pasado de moda y tampoco se ha deteriorado con el tiempo. Su poder fue diseñado para tí, y está muy por encima de las circunstancias que están causando dolor. Ahora mismo, tú puedes destruir las obras del enemigo, y puedes recuperar todo aquello que has perdido.

Las revelaciones que se encuentran en este libro han sido diseñadas para restaurar todos aquellos destinos que han sido despedazados, y para investirte con el poder que está implícito en ese conocimiento.

Debes leer este libro tan seguido como sea necesario para que puedas ver los misterios que te han sido dados EN Cristo. Esta no es una frase popular ni algún otro libro de filosofía moderna. Esta es una herramienta revolucionaria, por la cual tu espíritu ha estado gimiendo, hasta recibirla. Pablo dice en el libro de Romanos:

> "Pues sabemos que la creación entera a una gime y sufre dolores de parto hasta ahora. Y no sólo ella, sino que también nosotros mismos, que tenemos las primicias del Espíritu, aun nosotros mismos gemimos en nuestro interior, aguardando ansiosamente la adopción como hijos, la redención de nuestro cuerpo. Porque en esperanza hemos sido salvos, pero la esperanza que se ve no es esperanza, pues, ¿por qué esperar lo que uno ve? Pero si esperamos lo que no vemos, con paciencia lo aguardamos".
>
> **Romanos 8:22-25 GW**

El nacimiento del cual Pablo estaba hablando es acerca de la experiencia verdadera de "nacer de nuevo", la cual se ha convertido en un rito religioso, mas que una transformación.

Este es tu tiempo y tu momento para tener una verdadera experiencia con el Amor de tu alma, y con el Único que te compró desde antes de la fundación del mundo. Tú fuiste creado para caminar en la justicia, paz y el gozo del Espíritu Santo. Procura no perderte este día de tu visitación.

Todo está a tu disposición para que lo puedas recibir, porque es el placer de tu Padre Celestial, el poder darte Su reino. Debes recibirlo ahora mismo.

SECCIÓN I

La Revelación de Génesis

El Señor me ha dado la gracia para ayunar por largos períodos en los últimos años. Durante estos tiempos he podido experimentar "extasis", diciéndolo de esta manera por faltarme otra palabra mejor. Pedro dijo que tuvo este tipo de experiencias en el libro de los Hechos 11:5, donde dice: "Estaba yo en la ciudad de Jope orando, y vi en éxtasis una visión...".

Esta visión en particular comenzó cuando me encontraba parado dentro de una gran búrbuja de un material que parecía luz líquida.

En otras palabras, era tan brillante como la luz del sol al mediodía, pero al mismo tiempo, era transparente y flexible como el agua. Recuerdo que me sentía sobrecogido por el gozo de la presencia del Espíritu Santo. Mi mente se encontraba en una completa paz, pero al mismo tiempo alerta, con un sentido de "conocer" sin haber sido enseñado.

Instantáneamente, mi espíritu fue inundado con imágenes y sonidos que no eran similares a ninguna cosa que yo hubiese conocido antes.

El Espíritu Santo habló, y todo mi ser sintió, que estaba siendo cargado eléctricamente. La voz de Dios me inundó como las cataratas del Niágara, tal y como si estuviera rodeado de un sistema acústico digital. Él dijo "La creación es el modelo celestial para toda transformación".

De inmediato, mi mente se sumergió en una oscuridad total que se movía como una ola en toda dirección. La ausencia de luz hacía imposible ver, pero se sentía la presencia de un vacío inmenso que atemorizaba; sin embargo, permanecí en paz, pero consciente del terror que me rodeaba.

De repente, me sentí completamente inútil y sin esperanza, como si el espacio vacío me estuviera tragando. Sentí la sensación de un caos y una confusión, que me consumían como un "hoyo negro" donde no podía alcanzar a Dios. Mi mente se encontraba atrapada en el terror. Clamé desde lo más profundo de mi espíritu para que Jesús me ayudara.

Instantáneamente, fui transportado fuera de esa oscuridad, y me encontré al lado de Dios el Padre, del Hijo, y del Espíritu Santo. En ese momento pude entender el temor de Dios, y lo que significaba pasar la eternidad sin Él. Las imágenes fueron tan vívidas e impresionantes, que aún hoy me estremecen.

Después de eso vi a Jesús cantando por encima de ese espacio oscuro y vacío, del cual acababa de ser rescatado. Entonces supe que estaba volviendo a vivir la creación desde el interior de la mente de Dios. Ese vacío se comenzó a llenar con Su asombrosa voz como la sustancia del amor y de la belleza, la cual era agua viva.

Lo siguiente que ví, fue la figura del Espíritu Santo en la forma de una paloma descansando sobre todo este cuerpo de agua. De repente, una explosión salió del Padre Celestial, la cual alumbró todo el universo con una luz cegadora mucho más grande que millones de detonaciones nucleares.

El poder de Su voz reverberó como una ola atómica sobre el Espíritu Santo y el agua, y esto formó las galaxias, las estrellas y los planetas, incluyendo el planeta Tierra.

El Espíritu Santo habló y dijo: "la creación es el método que Dios usa para transformar la muerte y la oscuridad en vida y luz. Este es el diseño para la transformación del hombre, así como para todos los universos.

El tiempo sólo es importante en el mundo físico, y por lo tanto, durante la creación, Dios completó todas las cosas en Cristo, Quien era, Quien es, y Quien ha de venir. El amor de Dios lo completa todo, aún antes de crearlo, de tal manera que nada es dejado al azar.

Desde el libro de Génesis hasta el de Apocalipsis, las escrituras son la manifestación de la sabiduría de Dios, escondida en Cristo, fuera de todo tiempo y espacio, reveladas a aquellos que abandonaron los deseos de su naturaleza temporal".

El Espíritu Santo continuó diciendo: "El Agua, el Espíritu, y la Sangre, son la unión espiritual del cielo y de la tierra, estableciendo el reino de Dios en la tierra, así como en el cielo".

Y luego añadió: "el Agua y el Espíritu son las fuerzas espirituales que vencen el pecado, la enfermedad, la muerte, y éstas residen EN ÉL. Todo poder ha sido dado, y aquellos que tengan ojos para ver y oídos para oír podrán realizar grandes obras".

Este libro es el resultado de muchas visitaciones, y visiones del Espíritu Santo como esta. Jesús dice en el libro de Apocalipsis: "Yo Soy el Primero y el Último, dice el Señor Dios, Quien es, Quien era, y Quien ha de venir, Gobernador y Señor sobre todo". Por lo tanto en la cronología de la Biblia, Él es el Génesis y el Apocalipsis, así como todo lo que se encuentra en medio.

Las palabras que Jesús habló son los principios que vivo y que uso para entender las Escrituras, las cuales principalmente describen a Cristo desde dos perspectivas.

La primera consiste en el modelo físico del Hijo del Hombre y, la segunda, en la autoridad espiritual sobre todas las cosas, tanto en la tierra como en el cielo. Ambas descripciones son muy importantes, si es que anhelamos ser como Él.

Génesis describe los elementos celestiales que fueron usados para crear el mundo visible y que todavía siguen conectados con el ámbito invisible. Estos elementos fueron diseñados para sostener tanto la vida física, como la vida espiritual, y son la luz, el agua, y la sangre.

> "Porque tres son los que dan testimonio en el cielo: el Padre, el Verbo y el Espíritu Santo, y estos tres son uno. Y tres son los que dan testimonio en la tierra: el Espíritu, el agua y la sangre, y los tres concuerdan".
> **1 Juan 5:7-8 KJV**

Juan entendió a Cristo mucho mejor que cualquier otra persona, y esto incluye a Pablo. Su relato de la dimensión celestial no podía ser descrito con lenguajes humanos, como te podrás dar cuenta después de leer Apocalipsis. Sin embargo, él fue capaz de conectar el cielo y la tierra en una forma muy precisa en estos versículos. Los elementos, tal como los veremos más adelante, son una tipificación de Cristo, tanto física como espiritual.

> "Este es el que vino mediante agua y sangre, Jesucristo; no sólo con agua, sino con agua y con sangre..."
> **1 Juan 5:6 BBE**

Jesús fue el Hijo del Hombre debido al agua, pero Él fue el Hijo de Dios, debido a Su Sangre.

Jesús fue, es y será por toda la eternidad, ya que Él es el cuerpo físico, que contiene el agua viva y la sangre de Su Padre. El Espíritu Santo fue el testigo de esta verdad eterna, mucho antes de la fundación del mundo.

> "...Y el Espíritu es el que da testimonio, porque el Espíritu es la verdad".
>
> **1 Juan 5:6 BBE**

Los elementos de la creación son las llaves para penetrar la mente de Dios. El Espíritu Santo iluminará a aquellos que están dispuestos a someterse a "Sus caminos".

> "En el principio, Dios creó los cielos y la tierra. Y la tierra estaba sin orden y vacía, y las tinieblas cubrían la superficie del abismo, y el Espíritu de Dios se movía sobre la superficie de las aguas. Y dijo Dios: "Sea la luz. Y hubo luz".
>
> **Génesis 1:1-3 NASB**

Dios creó la tierra partiendo de un abismo oscuro, vacío, y sin forma. Esta descripción es muy poderosa cuando consideras que Dios puso su imaginación como el plano o modelo para el origen de todas las cosas. La razón de su creación, así como la función del hombre, ha sido discutida por siglos.

Creo que el amor es la respuesta, pero no el concepto que el mundo tiene del amor. Dios es Amor y es el Padre de "La Verdad".

La combinación del amor y la verdad otorgan poder a la creatividad y a la multiplicación. La verdad y el amor son las sustancias, que forman la mente creativa de Dios, y por esta razón, el diablo no es capaz de crear absolutamente nada.

El Amor es la mayor autoridad y poder que existe en el universo, lo cual fue demostrado por Dios, al sacrificar a Su Único Hijo. Todos nosotros fuimos creados para emular a nuestro Padre Celestial, y para rendirnos a Él, debido a este amor tan grande. Si no lo hacemos, nuestra vida no habrá servido para nada.

> "Y amarás al Señor tu Dios con todo tu corazón, y con toda tu alma, y con toda tu mente, y con toda tu fuerza. El segundo es éste: "Amarás a tu prójimo como a ti mismo."No hay otro mandamiento mayor que éstos".
>
> **Marcos 12:30, 31 NASB**

La religión demanda que sus seguidores se sometan a mandamientos y reglas a fin de poder ser aceptados por "Dios". Jesús redujo todas las obligaciones religiosas de los hombres en una sola, el Amor. Sin embargo, la rebeldía natural del hombre rehúsa amar a alguien fuera de él mismo, y es esta naturaleza, el origen de todos los temores del hombre.

El diablo es el enemigo del Amor y el origen de todo temor. El Espíritu de Amor destruye el temor porque se encuentra envuelto en la fe, y es soltado e impartido a través de nuestra sumisión.

La Frecuencia del Amor es la Fe

El concepto de frecuencia se usa mayormente cuando se describe el número de veces que suceden ciertos eventos, tales como el consumo de café de un individuo o el número de veces que una persona compra en el supermercado. También se usa cuando se está midiendo la luz, el sonido y las ondas electromagnéticas.

Creo que para poder entender la autoridad que tenemos como seres espirituales, debemos familiarizarnos más con la terminología que se usa frecuentemente en las discusiones científicas. Para nuestros propósitos, nos enfocaremos en las frecuencias de las ondas electromagnéticas y las vibraciones de la luz y el sonido.

El amor es la frecuencia de la gloria de Dios, la cual sostiene toda forma de vida y remueve la oscuridad. Dios habla, y desde las partes más profundas de Su Ser, resuena la Palabra de Su Amor, que es Jesús.

Jesús es el canto de Amor que el Padre Celestial canta sobre toda la creación. El Amor es la naturaleza y la vibración que mantiene unidas todas las cosas. Toda la creación está gimiendo para escuchar el sonido del amor de Dios, mientras es cantado sobre ella.

Para Dios, Jesús es la frecuencia de Amor que está vibrando a la velocidad de la luz, cambiando todo aquello que escucha Su voz. El sonido de la voz de Dios es la vida y la luz de toda energía.

El sonido del amor es la vibración de la creación. El canto del Padre Celestial es Amor, y es la armonía que mantiene todas las cosas en su lugar.

El Amor provocó que Dios creara la vida, partiendo de la nada, del vacío, y sin forma en que se encontraba el universo. Es el deseo de Dios que todas las cosas puedan experimentar Su amor en justicia y en paz. El Amor es la sustancia de Su conciencia y lo que produce los pensamientos de Dios.

> "Porque yo sé los planes que tengo para vosotros"- declara el Señor- "planes de paz y no de mal, para daros el fin que esperáis".
>
> **Jeremías 29:11 RV**

El Amor es una de las palabras más usadas alrededor del mundo. De hecho, esta palabra es conocida en todo lenguaje y en toda cultura, especialmente en aquellas parejas que se casan.

Sin embargo, en los Estados Unidos se reporta que uno de cada dos matrimonios termina en divorcio, lo cual demuestra que este tipo de amor no necesariamente significa dedicación y entrega. Lo triste es que la palabra "amor" es usada con mucha frecuencia para expresar una emoción o un sentimiento.

La popular frase o cliché, "Dios es Amor" describe el carácter de nuestro Padre Celestial, pero es mucho más profundo que esto. Dios es Espíritu, y durante las visitaciones de Su presencia que viví, podría describir las vestimentas que lo cubrían, como si fueran luz tejida con hilos de amor. Eran estos hilos de amor, los que impedían que la luz de la gloria de Dios me calcinara por completo.

El Amor de Dios no es una emoción, ni un sentimiento, sino que es el Espíritu de toda vida. El Amor es la energía que sostiene la vida. Hemos sido creados para amar, y para procrear vida, ya que venimos de Dios. La vida surge del amor de Dios, cuyo origen reside en el mundo invisible o ámbito espiritual.

Dios es Espíritu, lo cual hace muy difícil que podamos ubicarlo con nuestros sentidos. Los cinco sentidos que comúnmente se usan para determinar la realidad material son inadecuados. El siguiente versículo es la razón por la cual me enfoco primordialmente en las palabras de Cristo.

> "El Espíritu es el que da vida; la carne para nada aprovecha; las palabras que yo os he hablado son espíritu y son vida".
>
> **Juan 6:63 GW**

El deseo de Dios es que Sus hijos Lo amen y Lo sirvan porque han experimentado la realidad del ámbito espiritual. Aquellos que han aprendido el lenguaje del amor deben tener la destreza para poder esperar en la presencia de Dios, sin tener ideas preconcebidas. La fe es el don de Dios para todos aquellos que lo aman.

"Y sin fe es imposible agradar a Dios; porque es necesario que el que se acerca a Dios crea que El existe, y que es remunerador de los que le buscan". Hebreos 11:6 BBE

> "Ahora bien, la fe es la certeza de lo que se espera, la convicción de lo que no se ve".
>
> **Hebreos 11:1 BBE**

La fe puede ser definida como la sustancia de las cosas que no se ven, pero teniendo la convicción y la seguridad de su realidad. El Amor es el origen de la fe. Si tu fe no está funcionando, se puede deber a que el Amor que estás confesando es más emocional y está centrado primeramente en tus propias necesidades.

El Amor y la fe se originan dentro de Dios, y son la sustancia de Su misericordia y de Su gracia, la cual está ubicada en Cristo. Para que la fe se manifieste, debemos estar fundamentados y arraigados "en" Amor.

> 'De manera que Cristo more por la fe en vuestros corazones; y que arraigados y cimentados en amor..."
>
> **Efesios 3:17 NRSV**

> "Y ahora permanecen la fe, la esperanza y el amor, estos tres; pero el mayor de ellos es el amor".
>
> **1 Corintios 13:13**

Es innegable la conexión que existe entre el amor y la fe. Las palabras de Dios son espirituales por naturaleza y a menos que se usen en este contexto, los resultados serán comunes y corrientes.

Defino como común una vida, que es incapaz de reflejar el poder sobrenatural de Dios. Vivir en este poder significa no ser afectado ni por el temor ni por la enfermedad.

Creo que la mayoría de la gente acepta la existencia de algo más allá del ámbito visible. El mundo físico fue diseñado para reflejar al mundo espiritual y no al revés. El mundo invisible es genuino, y su lenguaje es la fe.

La realidad es fe, pero la única manera de demostrarla es a través del Amor. Dios depositó una parte de Su Espíritu en todos los hombres para que podamos experimentar Su amor. El es el Padre de todos los espíritus.

> "Pero ellos cayeron sobre sus rostros, y dijeron: Oh Dios, Dios de los espíritus de toda carne, cuando un hombre peque, ¿te enojarás con toda la congregación?"
>
> **Números 16:22 NET**

> "Ponga el Señor, Dios de los espíritus de toda carne, un hombre sobre la congregación".
>
> **Números 27:16 NET**

La razón por la que tanta gente cuestione la existencia de Dios se debe a que rehúsan amar a los demás más que a ellos mismos. Como resultado no se dan cuenta que están ignorando al Espíritu de Dios, que está tocando a la puerta de su corazón.

Dios ha depositado en nuestro espíritu una medida de fe, la cual se encuentra envuelta en amor. Una vez que damos nuestro amor sin esperar nada a cambio, la fe que se encuentra en ese amor hace contacto con el cielo a favor nuestro. Esta no es una receta física para tocar a Dios, sino que se trata de una llave celestial para destapar todos Sus tesoros.

> "Y si tuviera el don de profecía, y entendiera todos los misterios y todo conocimiento, y si tuviera toda la fe como para trasladar montañas, pero no tengo amor, nada soy".
>
> **1 Corintios 13:2**

La naturaleza espiritual de Dios es innegable, y Sus palabras, pensamientos y acciones deben ser entendidos desde esa misma perspectiva, si es que queremos experimentar el impacto completo de su amor.

Si clamamos para que el Espíritu de Dios toque nuestro espíritu tendremos una experiencia que irá mucho más allá de nuestros sentidos, impartiéndonos un amor indescriptible. El amor de Dios creará un deseo por conocerlo, que se alcanza por la fe. Mientras más amamos, más fe impartimos, y mucho más es lo que Dios nos imparte para que se lo devolvamos a Él. ¿Te puedes dar cuenta cómo esto está conectado?

Dios creó el universo y a los hombres debido al inmenso amor que tiene hacia nosotros. Él depositó su fe en tí para que podamos reproducir el mismo modelo en la tierra, tal como se encuentra en Su reino. La siguientes oraciones demuestran el poder del cielo sobre las circunstancias en la tierra:

> "Vosotros, pues, orad de esta manera: "Padre nuestro que estás en los cielos, santificado sea tu nombre. Venga tu reino. Hágase tu voluntad, así en la tierra como en el cielo. Danos hoy el pan nuestro de cada día. Y perdónanos nuestras deudas, como también nosotros hemos perdonado a nuestros

deudores. Y no nos metas en tentación, mas líbranos del mal. Porque tuyo es el reino y el poder y la gloria para siempre jamás. Amén".

Mateo 6:9-13 BBE

La Iglesia primitiva entendió el ámbito espiritual y el reino de Dios en un grado mucho mayor al nuestro. Actualmente, "el reino" es la última "palabra de moda" en el mundo cristiano, sin embargo, son las doctrinas de los hombres las que están siendo promovidas en lugar de los principios espirituales de Cristo.

En general, el hombre asume que él y Dios piensan de la misma manera. Isaías sabía que esto no era así y por lo tanto dijo de parte de Dios:

> "Porque mis pensamientos no son vuestros pensamientos, ni vuestros caminos mis caminos- declara el Señor. Porque como los cielos son más altos que la tierra, así mis caminos son más altos que vuestros caminos, y mis pensamientos más que vuestros pensamientos".
>
> **Isaías 55:8-9**

Dios toma decisiones basándose en el amor, cuya manifestación en nuestro mundo es por medio de la fe. Debido a la condición actual del hombre, éste es incapaz de entender los principios del reino de Dios, y como resultado de esto, los interpreta en forma religiosa.

El poder del amor ha sido reducido a leyes y a doctrinas que niegan el poder sobrenatural que existe en Cristo y en Su reino.

El Amor es la frecuencia de Dios, la cual separa las tinieblas de la luz, produciendo plenitud total y una sana doctrina. Pablo usó la palabra "sana" muchas veces para ilustrar la condición mental que necesitamos para poder atraer el cielo hacia nosotros.

"Retén la norma de las palabras sanas que has oído de mí, en la fe y el amor en Cristo".

2 Timoteo 1:13 NRSV

"Porque vendrá tiempo cuando no soportarán la sana doctrina, sino que teniendo comezón de oídos, acumularán para sí maestros conforme a sus propios deseos..."

2 Timoteo 4:3 NASB

La frecuencia del ámbito espiritual es diferente del sonido del mundo visible. La vibración celestial es una melodía de amor, porque la fe de nuestro Señor Jesucristo ha vencido.

LOS ÁMBITOS
VISIBLE E INVISIBLE

Creemos que el mundo visible es real ya que lo percibimos a través de nuestros sentidos. En otras palabras, si podemos tocar, probar, oler, ver o escuchar, entonces, asumimos que es "real".

Sin embargo, la ciencia reporta que la persona común y corriente está consciente de su medio ambiente solamente entre seis a diez segundos por minuto. Piensa en las implicaciones de esta declaración por lo menos en los siguientes diez segundos.

Aunque nuestro cerebro llega a procesar hasta un máximo de 400 billones de bytes de información por segundo, nosotros somos conscientes solamente de 2000. Esto significa que conscientes o no, de todas maneras no alcanzamos a percibir una gran parte del mundo visible.

Por lo tanto, aunque creamos que podemos juzgar la realidad con nuestros sentidos, hay una gran cantidad de información que se está perdiendo continuamente.

Imagínate a un león caminando alrededor de su jaula en el zoológico. El animal no se da cuenta de lo que sucede más allá del alcance de sus sentidos. Esta analogía nos puede dar una perspectiva para entender cuán limitada es la información que usamos para determinar nuestro mundo. Esto explica parcialmente el apetito insaciable por divertirnos que tenemos como seres humanos.

En primer lugar y principalmente somos seres espirituales, aunque en forma temporal habitemos en cuerpos físicos. Es por ello que debemos entender algunos principios básicos.

El mundo físico fue creado para nosotros para que demostráramos nuestra capacidad para dominar los dos ámbitos por medio de nuestra naturaleza espiritual. Perdimos el camino por la desobediencia de Adán, pero con la ayuda del Espíritu Santo, descubriremos la manera de conectarnos con nuestra herencia.

Dios ha establecido leyes y principios para sostener el ámbito visible e invisible, y no para restringir su autoridad movimientos. Él hizo un pacto con Abraham demostrando Su compromiso con el mundo visible.

Dios sabía que el hombre era incapaz de mantener sus promesas y, por lo tanto, Dios hizo un pacto Consigo Mismo. Él no estaba dependiendo de los hombres, ya que Él completó todas las cosas en Cristo antes de la fundación del mundo y se lo reveló a Abraham en el ámbito espiritual.

"Vuestro padre Abraham se regocijó esperando ver mi día; y lo vio y se alegró".

Juan 8:56 AMP

Dios le mostró a Abraham el diseño final de todas las cosas que se encuentran EN CRISTO. Dios unió lo eterno con lo temporal en Él, cuando formó el final desde el principio. Permite que esta verdad sea digerida por tu espíritu.

Todo, lo que es, lo que era, y lo que ha de venir, sucedió mucho antes que el tiempo fuera. Dios usa los tiempos y las estaciones con el fin de entrenarnos en las dimensiones espirituales.

> "Yo soy el Alfa y la Omega- dice el Señor Dios- el que es y que era y que ha de venir, el Todopoderoso".
> **Apocalipsis 1:8 AMP**

> "A saber, que Dios estaba en Cristo reconciliando al mundo consigo mismo, no tomando en cuenta a los hombres sus transgresiones, y nos ha encomendado a nosotros la palabra de la reconciliación".
> **2 Corintios 5:19, énfasis del autor**

La eternidad vive en Dios y no al revés. Ésta fue creada por Él y Sus leyes fueron establecidas para sostener la obra en todas las épocas, la cual fue completada antes de la fundación de este mundo. Las leyes que Dios creó son para preservar al hombre y para demostrar Su amor.

La Trinidad
y la Creación

En el principio de la Biblia encontramos al mundo antes de que la Trinidad interviniera. La condición de la tierra, que está descrita en el libro de Génesis, tipifica la condición espiritual del hombre antes de ser verdaderamente "nacido de nuevo".

"Y la tierra estaba sin orden y vacía, y las tinieblas cubrían la superficie del abismo, y el Espíritu de Dios se movía sobre la superficie de las aguas".

Génesis 1:2 NKJV

"Respondió Jesús y le dijo: En verdad, en verdad te digo que el que no nace de nuevo no puede ver el reino de Dios".

Juan 3:3 KJV

El versículo 2 de Génesis describe de varias maneras cómo el Espíritu de Dios "se movía" sobre las aguas.

Una traducción lo describe como "un viento de Dios", mientras que otras, como revoloteando o empollando. Parece ser, partiendo de estas descripciones, que el Espíritu de Dios está impartiendo o ministrando algo en la superficie de las aguas.

Por ejemplo, algunos después de orar, describen una sensación invisible como "electricidad" que se mueve sobre sus cuerpos. Muchos han sido sanados y liberados de diferentes enfermedades o problemas emocionales después de estas experiencias.

¿Por qué se involucraría el Espíritu Santo en la creación y que estaba impartiendo? La importancia de estas preguntas se entenderán mejor después de examinar las características de la Trinidad.

Dios el Padre, el Hijo, y el Espíritu Santo son tres personas separadas con características o personalidades individuales dentro de la Trinidad. No existe celo o competencia, porque los tres son Uno solo.

> "Haya, pues, en vosotros esta actitud que hubo también en Cristo, el cual, aunque existía en forma de Dios, no consideró el ser igual a Dios como algo a qué aferrarse..."
>
> **Filipenses 2:5-6**

Mencionamos anteriormente que Dios el Padre, El Hijo y el Espíritu Santo crearon leyes y principios eternos para gobernar los ámbitos visible e invisible. Cada una de las Personas de la Trinidad es Dios en Su totalidad y tiene un poder específico para manifestar el reino de Dios.

Las características de cada personalidad en la Trinidad son más espectaculares de lo que las palabras pueden describir. He encontrado -en forma personal- el esplendor majestuoso de Dios, mientras era paralizado por las olas de amor del Espíritu Santo. Sólo el simple hecho de volver a recordar esa experiencia, trae lágrimas a mis ojos.

Es difícil poder explicar la asombrosa sensibilidad del Espíritu Santo a cualquier persona que no se ha encontrado con Su ternura.

Un recuerdo de mi niñez tal vez pueda ayudarte a ilustrar Su asombroso amor. Recuerdo que cuando era niño observaba a mi madre que pasaba horas reparando un agujero en mi camisa favorita.

La camisa ya estaba tan vieja y tan decolorada, que incluso encontrar el hilo del color correcto tomaba horas. Pero ella se ponía a trabajar en esa camisa, porque sabía lo mucho que significaba para mí. Esta es una pequeña ilustración de la atención y la ternura que el Espíritu Santo derrama sobre aquellos a quienes el Padre Celestial ama.

Él nos sostiene a pesar de nuestro carácter y de nuestra disposición hacia Él o hacia el Padre. El Espíritu Santo es el aliento que respiramos y la vida que frecuentemente damos por un hecho. Ciertamente, Él fue el aliento que Dios sopló en la nariz de Adán para hacer que su alma cobrara vida.

Como una nota al margen, mi mente espiritual fue renovada después que aprendí a inhalar el aliento del Espíritu Santo. Dios sólo exhala, y me ha enseñado los secretos de Su aliento. Sus cualidades, aunque son mucho más bondadosas, nos recuerdan a nuestra madre terrenal. El relato de Génesis en el que Él estaba "empollando" sobre las aguas, tipifica a una gallina que está a punto de dar a luz a sus polluelos.

Una madre es alguien que raramente se rinde cuando se trata de aquellos que ella ha traído al mundo, defendiéndolos a todo costo. Dará su vida para poder sostener la vida de sus hijos, y de aquellos que ama. Éstas características tan maravillosas son algunas de las formas y manifestaciones del precioso Espíritu Santo.

La Trinidad contiene en Sí Misma el plan majestuoso de Dios, diseñado para cambiar la naturaleza terrenal del hombre, y convertirlo en un tabernáculo viviente. El hombre tiene tres partes, y el propósito de la Trinidad es ministrar y sumergir cada una de esas partes dentro de cada uno de los Carácteres Divinos.

Los edificios de la religión no fueron diseñados para ser la casa de Dios. Nosotros somos la casa de barro, expresión viviente, que respira el amor infinito de Dios y Su poder.

> "Porque lo invisible de él — su eterno poder y deidad —se deja ver desde la creación del mundo, siendo entendido en las cosas creadas; de modo que no tienen excusa".
>
> **Romanos 1:20**

> "Porque desde la creación del mundo, sus atributos invisibles, su eterno poder y divinidad, se han visto con toda claridad, siendo entendidos por medio de lo creado, de manera que no tienen excusa".
>
> **Romanos 1:20 NASB**

> "No agravien al Espíritu Santo de Dios (no Lo ofendan, no Lo irriten, ni Lo entristezcan), con el cual fueron sellados (marcados, etiquetados como propiedad de Dios, asegurados para Dios Mismo)

para el día de la redención (de la liberación final, de todo el pecado y de las consecuencias del pecado, a través de Cristo)".

Efesios 4:30 AMP

El Espíritu de Dios ha sido asignado para impregnar nuestro espíritu con la semilla incorruptible, a fin de que podamos nacer para el reino de Dios. El proceso de nacimiento, que dura nueve meses en el ámbito natural; puede llevarse años en el ámbito espiritual. El Espíritu Santo manda ángeles a proteger a todos aquellos que han sido sellados, para asegurar su nacimiento dentro del reino de Dios.

La Palabra y La Luz

Si el amor es la motivación de Dios para crear, y la fe es el poder para transformar, ¿Qué es lo que Dios usa para cambiar las tinieblas en una realidad? ¿Qué parte de Él es la que nos muestra el cielo? La imagen y semejanza de Dios son La Palabra y la Luz y, estas son el puente que une el cielo a la tierra.

La Luz es vista y la Palabra es escuchada, ambas producen ondas de energía, las cuales vibran en frecuencias perceptibles para nuestros ojos y oídos.

De la misma forma, existen frecuencias y vibraciones que van más allá de nuestras facultades naturales, y que constituyen el fundamento y las estructuras del ámbito invisible.

El mundo espiritual se mueve a velocidades mucho más rápidas que la luz y el sonido. De hecho, creo que la dimensión espiritual se mueve a la velocidad del pensamiento.

Por esta razón, lo profético es tan importante para mí. Dios habló en estas frecuencias cuando creó el mundo, cuyo resultado era conocido por Él antes de hablarlo. Antes de regresar al libro de Génesis, examinemos el Evangelio de Juan, a fin de poder entender el origen de La Palabra o Verbo de Vida.

> "En el principio existía el Verbo, y el Verbo estaba con Dios, y el Verbo era Dios. Él estaba en el principio con Dios. Todas las cosas fueron hechas por medio de Él, y sin Él nada de lo que ha sido hecho, fue hecho. En Él estaba la vida, y la vida era la luz de los hombres. Y la luz brilla en las tinieblas, y las tinieblas no la comprendieron".
>
> **Juan 1:1-5 AMP**

La Biblia nos dice específicamente quién era Jesús y donde estaba antes de que la tierra fuera creada. Jesús no es solamente La Palabra, sino que también Él es la Luz de la Vida. La vida física del hombre se origina en el nacimiento, pero el hombre debe escoger la Luz, que es Jesús, para poder vivir eternamente con Dios.

La verdad de la cual nos habla Juan se hace clara en las siguientes Escrituras:

> "La lámpara del cuerpo es el ojo; por eso, si tu ojo está sano, todo tu cuerpo estará lleno de luz. Pero si tu ojo está malo, todo tu cuerpo estará lleno de oscuridad. Así que, si la luz que hay en ti es oscuridad, ¡cuán grande no será la oscuridad!".
>
> **Mateo 6:22-23 NASB**

> "La lámpara de tu cuerpo es tu ojo; cuando tu ojo está sano, también todo tu cuerpo está lleno de

luz; pero cuando está malo, también tu cuerpo está lleno de oscuridad. Mira, pues, que la luz que en ti hay no sea oscuridad".
Lucas 11:34-35 AMP

Han habido muchos filósofos que genuinamente han estado buscando a Dios y a la "verdad", tales como Confucio, Buda y Gandhi por nombrar a unos pocos. Sus obras y filosofías trajeron luz a muchos, pero fueron incapaces de derrotar a la muerte.

Jesús es la única vida con "La" Luz, para derrotar a la muerte. Todas las filosofías terminan en la tumba, pero aquellos que han nacido de nuevo derrotarán la tumba, la muerte y el infierno. Jesús siempre será el Único capaz de ofrecer la luz de la vida por toda la eternidad.

Juan continúa diciendo que todo fue creado por Jesús, y que nada tiene "existencia" sin Su consentimiento. Adán fue hecho un "ser viviente" por el aliento de vida de Dios, el cual contiene la vida y la luz de Cristo.

"Todas las cosas fueron hechas por medio de El, y sin El nada de lo que ha sido hecho, fue hecho".
Juan 1:3 AMP

"Entonces el Señor Dios formó al hombre del polvo de la tierra, y sopló en su nariz el aliento de vida; y fue el hombre un ser viviente".
Génesis 2:7 AMP

Dios aseguró Su autoridad legal por la eternidad con la sangre inocente de Jesús, la cual lleva la luz de vida de Dios, y satisface las condiciones divinas de justicia y santidad. Su amor eterno podría ahora sostener toda vida y por la eternidad sin ninguna represalia. El reino de Dios es eterno por causa de Su justicia.

"Porque Dios no envió a su Hijo al mundo para juzgar al mundo, sino para que el mundo sea salvo por Él. El que cree en Él no es condenado; pero el que no cree, ya ha sido condenado, porque no ha creído en el nombre del unigénito Hijo de Dios.

> Y este es el juicio: **que la luz vino al mundo**, y los hombres amaron más las tinieblas que la luz, pues sus acciones eran malas. Porque todo el que hace lo malo odia la luz, y no viene a la luz para que sus acciones no sean expuestas. Pero el que practica la verdad viene a la luz, para que sus acciones sean manifestadas que han sido hechas en Dios".
>
> **Juan 3:17-21, énfasis del autor**

El mundo es condenado, ya que la gente rehúsa aceptar al Perfecto Hijo de Dios y recibir Su luz. El mundo ama las tinieblas y aborrece la luz. Este rechazo produce una mentalidad, cuyos pensamientos están construidos en tinieblas y mentiras ilusorias.

El maestro del ilusionismo es el diablo. El corrompe la luz usando sombras. Debes recordar que lucifer era "el portador de la luz" antes que fuera expulsado del cielo. Esto significa que él sabe cómo "engañar" y pervertir la luz, creando las ilusiones mentales que otros creen. Aquellos que dan crédito a sus mentiras e ilusiones manifiestan pecado, enfermedad y muerte.

Dios no maldice a toda esa gente, ya que ellos se destruyen a sí mismos siguiendo a las tinieblas, la codicia, el egoísmo y el odio. Todos aquellos, cuyas obras son buenas y operan en la luz, abren su corazón y entendimiento ante la bondad de Dios. El mundo no necesita religión ni llenarse de templos, sino ser expuesto a la verdadera luz de Cristo.

> "Sino que en toda nación el que le teme y hace lo justo, le es acepto".
>
> **Hechos 10:35 ASV**

En Génesis, identificamos al Espíritu Santo, "empollando" sobre las aguas. En el siguiente versículo, Dios dice:

> "Sea la luz, y la luz fue hecha, o parafraseando lo diría: "sea la luz, y Jesús Quien es la Luz, resplandeció en el universo. Y la tierra estaba sin orden y vacía, y las tinieblas cubrían la superficie del abismo, y el Espíritu de Dios se movía sobre la superficie de las aguas. Y dijo Dios: Sea la luz. Y hubo luz".
>
> **Génesis 1:2-3 NASB**

Dios habla La Palabra, la cual es La Luz, o Jesús Mismo sobre el Espíritu Santo, Quien entonces impregna la tierra con la semilla incorruptible de Cristo.

Nota que Dios declara las palabras "Sea la Luz" en tiempo presente, pero dicho en el tiempo verbal correcto sería: "la Luz es". Dios no dice que la Luz será o que ha sido. Él habla en tiempo presente. ¿Recuerdas que Dios le dijo a Moisés que le dijera al Faraón, "Yo Soy".

Ese "Yo Soy" es el eterno presente. La creación es "la" clave para el entendimiento del ámbito espiritual y de la verdadera conversión llamada "nacer de nuevo". Después que Dios dijo, "la Luz es", el mundo entero fue impregnado con Su gloria. **La tierra se convirtió en el vientre "embarazado" con la imagen y semejanza de Dios.**

Hoy, una vez más, la tierra se encuentra padeciendo dolores de parto para que los hijos de Dios sean manifestados, y ser llena de ellos para siempre.

> "Porque el anhelo profundo de la creación es aguardar ansiosamente la revelación de los hijos de Dios. Pues sabemos que la creación entera a una gime y sufre dolores de parto hasta ahora..."
>
> **Romanos 8:19, 22 WEY**

La ciencia usa un concepto llamado "amplitud de onda" para describir la radiación de las ondas electromagnéticas. Las ondas son frecuencias de luz que están vibrando a diferentes velocidades, produciendo un espectro de luz que va de infrarrojo a ultravioleta. La amplitud de onda se puede ilustrar mejor al observar un arcoiris.

Creo que cuando Dios dijo: "Sea la Luz", Él impartió Su gloria mostrando a todo el universo, toda Su amplitud de onda, a través del Espíritu Santo y de Jesús. Todo lo que Él es en Su plena gloria, en toda la gama de su magnificencia, resplandeció en ese momento en que habló y la luz se manifestó.

> "Y el uno al otro daba voces, diciendo: Santo, Santo, Santo, es el Señor de los ejércitos, llena está toda la tierra de su gloria".
>
> **Isaías 6:3 AMP**

En otras palabras, la Trinidad impartió gratitud, acciones de gracias, poder, fortaleza, riquezas, sabiduría, fuerza, honor, gloria y bendición en toda la creación. Cada una de estas palabras describe la imagen y semejanza de Dios. Esta es Su gloria que comenzó en Génesis, de la cual habla Isaías, y culmina en el trono en el libro de Apocalipsis.

> "Que decían a gran voz: El Cordero que fue inmolado digno es de recibir el poder, las riquezas, la sabiduría, la fortaleza, el honor, la gloria y la alabanza".
>
> **Apocalipsis 5:12 WEY**

> "Diciendo: ¡Amén! La bendición, la gloria, la sabiduría, la acción de gracias, el honor, el poder y la fortaleza, sean a nuestro Dios por los siglos de los siglos. Amén".
>
> **Apocalipsis 7:12 AMP**

Cuando Dios dijo: "Sea la Luz", Él no estaba creando el sol, la luna o las estrellas, que fueron creados en el cuarto día. Dios estaba iluminando el universo con la gloria de Cristo.

Dios le estaba impartiendo forma y sustancia a la que una vez fuera una masa vacía y sin forma. Dios fertilizó el mundo visible con el poder para transformar la mortalidad en inmortalidad. **Él impartió ese poder en las aguas a través del Espíritu Santo.**

La Biblia dice que todas las cosas fueron creadas por Jesús, en Él y a través de Él. En otras palabras, sin Jesucristo, nada visible o invisible existiría. La realización de todo lo que es, y está por venir, comenzó y terminó con la frase: "Sea la Luz".

> "Porque en Él fueron creadas todas las cosas, tanto en los cielos como en la tierra, visibles e invisibles; ya sean tronos o dominios o poderes o autoridades;

todo ha sido creado por medio de Él y para Él. Y Él es antes de todas las cosas, y en Él todas las cosas permanecen..."

Colosenses 1:16-17 KJV

Si pudiéramos imaginar lo que está dentro de la mente de Dios, yo creo que se parecería a la asombrosa y vasta belleza del espacio. El hombre fuera de Cristo, nunca llegará a entender las maravillas del universo. Los misterios del cosmos están disponibles para aquellos que **han entrado a Cristo y a Su Reino.**

> "Respondió Jesús y le dijo (a Nicodemo): En verdad, en verdad te digo que el que no nace de nuevo (nace otra vez, nace de arriba) no puede ver (no puede conocer, ni puede familiarizarse, ni experimentar), el reino de Dios".
>
> **Juan 3:3 AMP**

Aquellos que tienen ojos para ver y oídos espirituales para escuchar lo que el Espíritu Santo está diciendo, se van a regocijar en la revelación que Dios está impartiendo en estos tiempos. Dios dijo: "Sea la Luz" y al hacer esto, impartió el final y el principio en forma simultánea.

Todo fue terminado en ese instante fuera del tiempo y del espacio. Después de esto, el cielo con todas las huestes celestiales adoraban a Cristo.

El mundo espiritual es real y es eterno. El espíritu del hombre entiende la eternidad, y tiene la habilidad para acceder a esa dimensión ahora mismo.

Por supuesto, tú estás vivo en un cuerpo físico que percibe sus necesidades. La palabra "percibir" es muy importante para entender esto, ya que tal y como hemos descubierto, **la realidad es fe**, y no sentimientos. Las percepciones son el resultado de nuestros sentidos, y aprenderemos que no son un indicador preciso de la realidad.

Las circunstancias que te abruman hoy, tan reales como parecen ser, ya han sido derrotadas. Las condiciones que puedes estar experimentando en este momento son el resultado de decisiones tomadas con falta de entendimiento.

¿Acaso esto significa que tu condición no tiene esperanza, y que a menos que Jesús regrese del cielo, tu vida será miserable? ¡Absolutamente no!

Durante un ayuno que hice de 40 días, el Espíritu Santo me dio una visión que cambió mi vida. Me mostró una cortina, y me permitió ver el momento exacto en que Jesús entregó Su espíritu y descendió al infierno. En forma simultánea vi la dimensión física y la dimensión espiritual.

Recuerdo que al ver el infierno me puse nervioso, estaba confundido y extremadamente agitado. En el mundo natural, Jerusalén reflejaba la misma histeria que yo observaba en el infierno.

De repente, un enorme ángel se apareció entre el cielo y la tierra, con una llave en una mano y con una cadena en la otra.

Los cielos se llenaron de caballos blancos y ángeles con trompetas y lanzas con las que arrojaron las lanzas hacia la tierra y tocaron sus trompetas. El sonido creó un terremoto y las lanzas como relámpagos abrieron los cielos por encima de la tierra para que pudiera recibir revelación y poder.

De repente, escuché al enorme ángel que gritó, "Babilonia ha caído", mientras que encadenaba al diablo, y abría las prisiones de aquellos a quienes Jesús ordenó que fueran libres. La siguiente escena que vi fue una ciudad que se parecía a Jerusalén derrumbándose junto con un enorme templo.

En forma instantánea, pude escuchar una voz semejante a un relámpago y a un trueno, que decía, "consumado es, Aquel que es, que era y qué ha de venir, ha completado todas las cosas en el tiempo, fuera del tiempo y antes del tiempo.

Los planes fueron completados antes de que comenzaran en el tiempo, y el poder sobre todas las cosas reside "en Cristo" y ha sido dado a todos aquellos que tienen entendimiento".

Pude ver un león y un cordero parados por encima del tiempo y del espacio, sosteniendo un libro de oro, más brillante que un millón de soles juntos.

El león habló como el cordero, y el cordero caminó como león. Cada página se encontraba vacía, hasta que los vi y escuché hablar. A medida que ellos hablaban, las páginas comenzaban a mostrar sus palabras.

Le pedí al Espíritu Santo que me explicara la visión. Él dijo: "Estos son los libros de la vida de aquellos que están en Cristo, y las páginas se encuentran vacías, ya que Sus hijos no han escrito la revelación que ellos tienen de Él". Yo le pregunté ¿por qué?

Él contestó: "Ellos han estado ocupados con otras ideas e interpretaciones de los hombres, en lugar de estar buscando por ellos mismos".

Él me dijo: "El mundo está hambriento de maná fresco, y aquellos que estén dispuestos a pagar el precio para "Conocerme", podrán llenar mis libros en la tierra y en el cielo".

Además, Él dijo: "Debes vivir en la tierra vestido con la Sangre de Su Cruz, y coronado con el conocimiento del Campeón de Dios".

Añadió, "Todos aquellos que han sido reunidos con Él a través del Espíritu y del Agua ya han muerto la primera vez, y deben vivir sin temor alguno, sin dependencia alguna, y completamente fuera del tiempo".

Él dijo:"Las personas religiosas tienen miedo, y están haciendo su propia interpretación de las Escrituras, especial mente acerca de "los últimos tiempos" sin esperanza para el presente y carente de verdad".

"Cualquiera que está en Cristo, tiene la autoridad sobre el diablo y tiene gran influencia en el cielo. Todos aquellos que el diablo destruye son ignorantes, debido a que se han alimentado con el fruto del árbol del conocimiento del bien y del mal. Deja de comer ese fruto y comienza a escuchar a mi Espíritu Santo. Es mi deseo que nadie se pierda".

Él me reveló a Cristo como las aguas de la creación y mucho, mucho más de lo que hablaré a continuación en este libro.

En Génesis, el Espíritu Santo estaba "empollando" sobre las aguas, aún antes de que Dios hablara. El agua es un elemento celestial y es muy importante para la tierra, para el hombre, y para Dios.

En la siguiente sección descubriremos la importancia física y espiritual del agua.

EL AGUA, UN ELEMENTO CELESTIAL

Desde el día dos hasta el día seis de la creación encontramos el diseño meticuloso de Dios, sembrando el ADN de Cristo en cada parte del universo. Dios separó las aguas de las aguas, y al hacerlo, garantizó que el agua y el Espíritu Santo pudieran operar en todo nivel del mundo visible.

> "Entonces dijo Dios: Haya expansión (la expansión del cielo) en medio de las aguas, y separe las aguas (las que estaban abajo) de las aguas (de las que estaban arriba). E hizo Dios la expansión (el firmamento), y separó las aguas que estaban debajo de la expansión, de las aguas que estaban sobre la expansión. Y fue así".
>
> **Génesis 1:6-7 AMP**

Jesús le dijo a Nicodemo que se necesitaba el Agua y el Espíritu para nacer de nuevo y para poder ver Su Reino.

Tal vez, una de las partes más importantes de nuestra discusión será en relación al agua. El hombre no puede vivir sin ella, tampoco es capaz de crearla a un costo efectivo.

La ciencia sólo es capaz de unir hidrógeno y oxígeno para formar agua, pero el componente químico H2 no se encuentra disponible en la atmósfera de la tierra debido a que es demasiado volátil para la gravedad.

El proceso para extraer hidrógeno del metano requeriría cantidades extraordinarias de gas natural y de energía. Por lo tanto, en teoría, el hombre puede producir agua, pero debido al gasto tan exorbitante, prefiere usar otro tipo de métodos.

Creo por razones obvias, que el origen del agua está en el cielo. Además creo que las Escrituras demuestran una analogía asombrosa entre el agua y Jesucristo.

> "Y la tierra estaba desordenada y vacía, y las tinieblas cubrían la faz del abismo, y el Espíritu de Dios se movía sobre la faz de las aguas".
>
> **Génesis 1:2 RV**

La primera cosa que hay que notar en este versículo es que existen dos fases, que son la descripción de Dios y Jesús. La primera tiene que ver con "oscuridad" y la segunda con el agua.

Sé que Dios es luz y que no existe oscuridad alguna en Él, pero este tipo de tinieblas no representan la ausencia de luz. Es la manera en que Dios se cubre a Sí Mismo, a fin de proteger al hombre de Su gloria. Dios es fuego consumidor y se cubre a Sí Mismo en un denso humo de oscuridad, debido a Su gran amor.

> "Y el pueblo se mantuvo a distancia, mientras

Moisés se acercaba a la **densa** nube donde estaba Dios".
>> **Éxodo 20:21 WEB, énfasis del autor**

"Estas palabras el **Señor habló** a toda vuestra asamblea en el monte, **de en medio** del fuego, de la nube y de las densas tinieblas con una gran voz, y no añadió más. Y las escribió en dos tablas de piedra y me las dio.

Y aconteció que cuando oísteis la voz de **en medio de las tinieblas**, mientras el monte ardía con fuego, os acercasteis a mí, todos los jefes de vuestras tribus y vuestros ancianos..."
>> **Deuteronomio 5:22-23 WEB, énfasis del autor**

Dios habló y la luz de vida de inmediato penetró las aguas, por medio del Espíritu Santo, cambiando el líquido visible en agua viviente.

Cristo es el "Agua Viva" como también la Luz, la Vida, y la Palabra o Verbo. La Trinidad es el origen de toda vida, luz y Espíritu.

Su Palabra es el puente de lo invisible a lo visible. Jesús se describe a Sí Mismo como el "Agua Viva" ante la mujer samaritana, en el Evangelio de Juan.

"Respondió Jesús y le dijo: Si tú conocieras el don de Dios, y quién es el que te dice: "Dame de beber", tú le habrías pedido a Él, y **Él te hubiera dado agua viva**".
>> **Juan 4:10 AMP, énfasis del autor**

"Ella le dijo: Señor, no tienes con qué sacarla, y el pozo es hondo; **¿de dónde, pues, tienes esa agua**

> **viva?** (¿De donde es que tú obtienes esa agua viva?)".
>
> **Juan 4:11 AMP, énfasis del autor**

> "El que cree en mí, como ha dicho la Escritura: "De lo más profundo de su ser brotarán (continuamente) **ríos de agua viva**."
>
> **Juan 7:38 AMP, énfasis del autor**

La mujer sabía la importancia del agua natural y por lo tanto, ella al igual que Nicodemo, no podía entender la referencia del "Agua Viva".

Jesús es el gran maestro que conecta el mundo visible y el invisible y los hace uno solo. **La responsabilidad del hombre es reconocer la necesidad por la sustancia espiritual, más allá de su existencia física.**

La mujer estaba familiarizada con las enseñanzas religiosas, sus ojos y oídos se encontraban espiritualmente cerrados, ya que el agua que bebía no era "Agua Viva".

En otras palabras, el agua natural es básica para la vida física, pero el "Agua Viva" es la única fuente para el entendimiento espiritual y para el nuevo nacimiento.

> "La mujer le dijo: Sé que el Mesías viene (el que es llamado Cristo, el Ungido de Dios); cuando Él venga nos declarará todo. Jesús le dijo: Yo soy, el que habla contigo".
>
> **Juan 4:25-26 AMP**

Actualmente, este es el triste cuadro de vida en muchas iglesias. Hay tan poquita revelación de Cristo, ya que son muy pocos los que han probado el "Agua Viva" no adulterada.

El agua que ellos ofrecen se encuentra mezclada con aditivos, lo cual produce religión. Ahora bien, volviendo al relato de Génesis: el "Agua Viva" tocó lo que Dios había creado, porque la tierra estaba reposando "en" Jesús.

Dios formó al hombre del polvo de la tierra, el cual surgió del agua. Las semillas de la tierra se originaron en el "Agua Viva", y permanecieron en un estado latente hasta que la tierra seca apareció.

¿Alguna vez te has considerado el origen y el ADN de todas las semillas que existen en la tierra? Recuerda que en la creación Dios dijo: "Sea la Luz".

Dios impartió Su gloria e impregnó las aguas con Su ADN y Sus propósitos. La tierra seca apareció como un vientre, figurativamente hablando, que contuvo las semillas de Dios en ella.

> "Entonces dijo Dios: Júntense en un lugar las aguas que están debajo de los cielos, y que aparezca lo seco. Y fue así".
>
> **Génesis 1:9 GWD**

El Espíritu Santo me trae a la memoria la Escritura en Isaías 6:3, la cual habla de la gloria de Dios llenando toda la tierra. La gloria de Dios es el ADN de toda vida y programa toda la materia perpetuamente.

La ciencia habla de la energía y de la materia y cómo estas se relacionan entre sí, pero no es capaz de explicar su origen. Creo que la gloria de Dios es la energía que se encuentra dentro de toda vida, mientras que la materia es la demostración física de la sustancia espiritual de Dios.

Por lo tanto, después de que apareció la tierra seca, la vida de Cristo se encontraba en toda la materia, y esto incluía las semillas.

> "Y dijo Dios: Produzca la tierra vegetación: hierbas que den semilla, y árboles frutales que den fruto sobre la tierra según su género, con su semilla en él. Y fue así. Y produjo la tierra vegetación: hierbas que dan semilla según su género, y árboles que dan fruto, con su semilla en él, según su género. Y vio Dios que era bueno. Y fue la tarde y fue la mañana: el tercer día".
>
> **Génesis 1:11-13 GW**

Dios activó toda la vegetación de la misma manera como obró los milagros a través de Jesús.

> "Creedme que yo estoy en el Padre, y el Padre en mí; y si no, creed por las obras mismas".
>
> **Juan 14:11 BBE**

Todo lo creado por Dios en el mundo físico fue ejecutado a través del Espíritu Santo y de Jesús. El milagro de la conversión debe suceder de la misma manera como fue hecha la creación. Si no es así, no reproducirá el fruto del Espíritu Santo. Si la gloria de Dios no se encuentra dentro de la semilla, entonces no replicará a la Trinidad.

El ADN del diablo y del primer Adán corrompieron las semillas que Dios plantó dentro de la conciencia del hombre. Los pensamientos dañinos corrompen las células del ser humano y éstas afectan los pensamientos y ADN de las siguientes

generaciones.

En este momento, proféticamente, riega las semillas que se encuentran dentro de tu espíritu con el agua viva la cual para muchos de ustedes ha estado latente y sin vida.

"Espíritu Santo, te pido que despiertes un clamor hacia Ti, en todos los que están leyendo este libro, de tal manera que puedan ver el futuro que fue plantado dentro de ellos y de sus generaciones. Impárteles poder para que descubran y activen todas esas promesas de grandeza que les has dado. Señor, yo te pido que produzcas una cosecha de reformadores a partir de las semillas sembradas por tu Espíritu Santo en este libro".

¿No te das cuenta? **El modelo de Génesis es el mismo hoy, y sigue siendo el mismo que en el principio.** La vida y la luz están en Jesús.

Adán fue formado a la imagen y semejanza de Dios, porque fue diseñado para ser hijo de Dios. El polvo del cual fue formado contiene la esencia misma del "Agua Viva".

Nuestro cuerpo físico fue diseñado para reflejar al Cristo Viviente.

> "Y dijo Dios: Hagamos al hombre a nuestra imagen, conforme a nuestra semejanza; y ejerza dominio sobre los peces del mar, sobre las aves del cielo, sobre los ganados, sobre toda la tierra, y sobre todo reptil que se arrastra sobre la tierra.Creó, pues, Dios al hombre a imagen suya, a imagen de Dios lo creó; varón y hembra los creó".
>
> **Génesis 1:26-27 AMP**

"Entonces el Señor Dios formó al hombre del polvo de la tierra, y sopló en su nariz el aliento de vida; y fue el hombre un ser viviente".

Génesis 2:7 WEB

"Y el Señor Dios formó de la tierra todo animal del campo y toda ave del cielo, y las trajo al hombre para ver cómo los llamaría; y como el hombre llamó a cada ser viviente, ése fue su nombre".

Génesis 2:19 WEB

Desde Génesis hasta Apocalipsis, la comparación del agua con Jesús no puede pasar desapercibida. Debes leer algunos pasajes más, a fin de que esta revelación llene de poder las semillas que se encuentran en tu espíritu.

Al darte cuenta de esto, levántate y sacude todo ese letargo, ya que llevas en ti mismo la semilla de vencedor. La única cosa que te impide reinar y gobernar en este momento, es tu equivocada forma de pensar.

"Voz del Señor sobre las aguas. El Dios de gloria truena, el Señor está sobre las muchas aguas".

Salmo 29:3 AMP

"Sus pies semejantes al bronce bruñido cuando se le ha hecho refulgir en el horno, y su voz como el ruido de muchas aguas".

Apocalipsis 1:15 AMP

"Pues el Cordero en medio del trono los pastoreará, y los guiará a manantiales de aguas de vida, y Dios enjugará toda lágrima de sus ojos".

Apocalipsis 7:17 AMP

"Y entonces me mostró un río de agua de vida, resplandeciente como cristal, que salía del trono de Dios y del Cordero..."

Apocalipsis 22:1 DAR

Pablo resume todo el cuadro que hemos dibujado de la creación con estos versículos en el libro de Colosenses. "...Porque en Él fueron creadas todas las cosas...todo ha sido creado por medio de Él y para Él".

Colosenses 1:15-16

Todo reside dentro de Jesús, tanto lo visible como lo invisible, ya que sin Él, nada tiene sustancia o forma. Jesús es la razón para que todas las cosas existan, y sin Él nada puede vivir.

Tú has sido diseñado para vivir en la tierra y reinar en Cristo. Esta no es solamente una frase popular ni palabras de un "coach" cristiano, sino que es la verdad y la respuesta a todos tus problemas.

Esto es lo que Jesús dijo a sus discípulos cuando iban a ser torturados, apedreados y asesinados y fue lo que en definitiva los sostuvo en perfecta paz.

"Estas cosas os he hablado para que en mí tengáis (perfecta) paz. En el mundo tenéis tribulación y problemas, penalidades y frustraciones; pero confiad (tengan valor; tengan confianza, certeza, no duden), yo he vencido al mundo (Yo he despojado al mundo del poder para dañarlos a ustedes, y lo he conquistado para que ustedes puedan poseerlo)".

Juan 16:33 AMP

El mundo nunca entenderá ni apoyará a aquellos que están en Cristo ni tampoco experimentarás la verdadera paz en el mundo visible.

La mente es el mayor obstáculo que hay que vencer para cualquiera que quiere entender la realidad. La verdad existe en Cristo, Quien reside simultáneamente en el ámbito espiritual y físico.

SECCIÓN II

La Conciencia de Adán

Dios y Su reino representan la verdadera realidad. La fe es el medio por el cual Él formó lo visible de lo que no se veía. El hombre forma su realidad a partir de la energía y la materia que ve sin considerar que todo proviene de lo invisible.

Por lo tanto, si nos llamamos a nosotros mismos cristianos "nacidos de nuevo", debemos vivir en fe, diserniendo lo que es real. Jesús es el origen de la fe, y en Él se encuentra la realidad de lo visible y lo invisible.

La mente del primer Adán fue engañada y perdió la imagen y semejanza de Su Creador junto con la habilidad que tenía para comunicarse con Él. Esto dio como resultado una nueva mentalidad e identidad.

El mundo visible se convirtió en la realidad del hombre, quien perdió sus sentidos espirituales para depender de sus sentidos físicos y de su mentalidad corrupta en pos de definir la realidad.

Antes de explicar la experiencia verdadera de "nacer de nuevo", que Jesús describió a Nicodemo, examinemos la condición del hombre después de la desobediencia de Adán.

La historia del hombre comienza con Adán, pero la historia del Reino se desarrolla en Jesús.

Los planes de Dios nunca podrán ser detenidos ni cambiados, ya que fueron completados y terminados por Él antes de la fundación del mundo. Así es, todo ya ha sido finalizado, nada puede ser añadido o sustraído de los resultados.

"Sé que todo lo que Dios hace será perpetuo; no hay nada que añadirle y no hay nada que quitarle; Dios ha obrado así, para que delante de El teman los hombres. Lo que es, ya ha sido, y lo que será, ya fue, y Dios busca lo que ha pasado".

Eclesiastés 3:14-15 GW

"Lo que fue, eso será, y lo que se hizo, eso se hará; no hay nada nuevo bajo el sol".

Eclesiastés 1:9

El primer Adán fue creado para establecer el gobierno del cielo en la tierra y su conciencia se expandía para entender cada vez más la mente de Dios.

El Padre Celestial desea una familia con quien pueda compartir Sus pensamientos e imaginaciones más íntimas.

El Espíritu Santo desea una raza de hijos en la tierra, cuyas mentes y pensamientos sean similares a los Suyos, así realizar el sueño del Padre Celestial, "en la tierra, así como en el cielo".

La desobediencia de Adán fue la misma traición que lucifer realizó en el cielo.

El amor de Dios no es condicional ni depende de los ángeles o el comportamiento del hombre. La infidelidad de Adán separó al hombre de Dios y produjo hijos que amaban las tinieblas más que la luz.

DUALIDAD: EL NACIMIENTO DE LA RELIGIÓN

Existen muchas definiciones de "conciencia" o concientización, pero creo que la mejor es: "El conocimiento del cual estamos concientes y que provee suficiente seguridad para tomar decisiones." Los humanos navegan a través de la vida con un sentido de seguridad que es tan solo "una percepción" determinada por sus creencias.

El libre albedrío es un don de Dios para la raza humana, pero tomar decisiones correctas requiere de un "conocimiento" que va más allá de nuestras percepciones.

La condicion actual del hombre en enfermedad, padecimientos y temores es el resultado de decidir creer una mentira.

La dualidad es el fruto de esta elección y es responsable de la religión. Aquellos que están separados de Dios viven en una dualidad, que consiste en pensar linealmente como: inicio o final, correcto o equivocado, malo o bueno, verdadero o falso, etc.

Vivir en la dualidad es comer continuamente del árbol del bien y del mal en lugar de comer del árbol de la vida.

> "Pues **Dios sabe** que el día que de él comáis, serán abiertos vuestros ojos y seréis como Dios, conociendo el bien y el mal".
>
> **Génesis 3:5 WEB, énfasis del autor**

La declaración anterior fue hecha por el diablo y no por Dios. Es imposible que el diablo "conozca" lo que Dios piensa. Creerle al diablo y a sus mentiras configura una mentalidad dual, porque te separa de Dios. Comer el fruto fue el acto del pecado y separó al hombre de La Verdad. La naturaleza del pecado es el fruto espiritual de la iniquidad, y pasó a todas las generaciones.

El hombre no entendió las leyes que Moisés recibió de parte de Dios. Su propósito era convencerlo de pecado y prepararlo para ser reconciliado, nunca para formar una religión.

Dios necesitaba una línea sanguínea profética para manifestar al segundo Adán. Desafortunadamente, el hombre lo convirtió en un modelo religioso que mantuvo el sistema que Jesús vino a destruir.

La religión siempre será el anticristo (lo que se opone a la unción), debido a que ha sido formada de la dualidad y de la mentira del diablo. **La dualidad es la forma sin sustancia.**

> "**Teniendo** (aunque poseían una forma) apariencia de piedad (la verdadera religión), pero **habiendo negado su poder**; a los (todos ellos) tales (aléjate de ellos) evita".
>
> **2 Timoteo 3:5 AMP, énfasis del autor**

La mentalidad de Adán opera con mayor efectividad adherida a la religión. ¿Por qué? Porque provee la falsa seguridad que se necesita para "saber" cómo decidir.

Las decisiones a partir de la religión, reproducen la mentalidad de pecado en cada generación, porque no provienen de la vida ni de la revelación de Dios, sino de la mente caída del hombre. Creo que el Señor está revelando nuevas cosas en nuestros días, fundadas en Su obra completada hace miles de años.

> "Entonces Jesús, cuando hubo tomado el vinagre, dijo: **¡Consumado es!** E inclinando la cabeza, entregó el espíritu".
>
> **Juan 19:30 AMP, énfasis del autor**

Por ejemplo, una de las mayores mentiras que continuamente se oyen entre muchos cristianos es el esperar que Cristo regrese a hacer lo que ya fue consumado en la cruz.

La iglesia evangélica ha perpetuado la dualidad con este punto de vista de la profecía bíblica. La creencia aceptada generalmente es que, Cristo regresará en las nubes y removerá a Su "Novia" en el "rapto" antes, durante, o después de un período de tribulación en la tierra.

Después de esto, Jesús regresará otra vez, pero en esta ocasión vendrá a la tierra para establecer Su reino, salvar a los judíos de sus enemigos y ser recibido como Su Mesías. Mi propósito no es rebatir o estar de acuerdo con esta teoría, sino identificar la forma sin sustancia en algunas creencias.

"Entonces los que estaban reunidos, le preguntaban, diciendo: Señor, ¿restaurarás **en este tiempo** el reino a Israel?

Y El les dijo: **No os corresponde a vosotros saber los tiempos ni las épocas** que el Padre ha fijado con su propia autoridad; **pero recibiréis poder cuando el Espíritu Santo venga sobre vosotros**; y me seréis testigos en Jerusalén, en toda Judea y Samaria, y hasta los confines de la tierra.

> Y les dijo: **No os toca a vosotros saber los tiempos** o las sazones, que el Padre puso en su sola potestad; **pero recibiréis poder, cuando haya venido sobre vosotros el Espíritu Santo**, y me seréis testigos en Jerusalén, en toda Judea, en Samaria, y hasta lo último de la tierra. los cuales también les dijeron: Varones galileos, ¿por qué estáis mirando al cielo? Este mismo Jesús, que ha sido tomado de vosotros al cielo, así vendrá como le habéis visto ir al cielo."
>
> **Hechos 1:7-8, 11, énfasis del autor**

La Biblia dice que Jesús va a regresar, pero antes de esto, Él les dice a sus discípulos que no es permitido que conozcan ni los tiempos ni las épocas. Por lo tanto, ¿es más importante especular con Su regreso recibir el poder para poder vencer, por medio de reunificarnos en Él?

Debes preguntarte: ¿Cuál sería el propósito de que Jesús muriera horriblemente hace 2000 años, para tan sólo sentarse y observar cómo sufre la raza humana generación tras generación, esperando el día de Su regreso para hacer lo que Él ya ha completado?

Si Jesús no está ya reinando, ¿qué es lo que está haciendo sentado en el trono a la diestra del Padre? ¿Por qué lo llamamos Rey de Reyes si Su reino aún no ha sido establecido?

Uno de los propósitos de este libro es demostrar el poder para nacer de nuevo "en" Cristo Jesús. La mentalidad de muchos en la iglesia de hoy, opera desde el árbol del conocimiento del bien y del mal, o sea, desde esta dualidad mencionada anteriormente.

Esto se debe a que tienen la mentalidad del primer Adán. Para poder entender las obras de Cristo se requiere una naturaleza espiritual, es decir, el nuevo nacimiento que Jesús describió a Nicodemo.

Creo que mientras más nos enfoquemos en nuestra naturaleza espiritual y dependamos del Espíritu Santo, y no del hombre, más autoridad tendremos en toda la tierra.

Además de esto, la iglesia reconocerá los misterios escondidos, diseñados para elevar a cada generación a una mentalidad de vencedores, en lugar de aquellos que todavía están esperando poder vencer.

Jesús se despojó de sus vestiduras reales en el cielo, y se puso las vestiduras de un hombre mortal para poder cumplir lo que Adán falló.

Jesús derrotó al diablo, **una vez y para siempre**, y restableció Su reino, en la tierra, tal y como es en el cielo. Él es (en tiempo presente) el reino eterno que gobierna ahora y para siempre. Los ámbitos sobrenaturales de los misterios del infinito y de la eternidad están "en Él" y no tienen principio ni fin.

La mentalidad de Cristo es el "conocimiento" necesario para poder tomar las decisiones correctas y es poder contra la dualidad. El diablo todavía está tratando de engañar a aquellos que tienen la mente y la percepción de Adán.

La mente de Cristo no es un cliché o una filosofía de la Nueva Era, sino un poder viviente, respirable, fundado en tú realidad en Cristo y de Cristo en tí. La dualidad, el conocimiento del bien y del mal, termina una vez que tú "naces de nuevo".

El plan de Dios es que los hombres dependan en el Espíritu Santo de la misma forma como Jesús lo hizo en la tierra, y no en la religión o la dualidad.

Tú naciste en la dualidad, pero a través de Cristo, las puertas del cielo y el reino de Dios se han abierto otra vez. Sólo que en esta ocasión, el diablo no puede robarlo, porque Dios Mismo estableció el pacto en Su Sangre.

> "Y si todavía nuestro evangelio (las buenas nuevas) está velado (oscurecido y **cubierto con un velo o que esconde el conocimiento de Dios**), para los que se pierden (Solamente) está velado, en los cuales (solamente) el dios de este mundo ha cegado el entendimiento de los incrédulos (solamente), para que no vean (para aquellos que no puedan discernir la verdad) **el resplandor de luz** del evangelio de la gloria de Cristo (el Mesías), q**ue es la imagen y semejanza de Dios**".
>
> 2 Corintios 4:3-4 AMP, énfasis del autor

El velo de la oscuridad esconde la realidad de Cristo, y permite que el diablo opere en sus ilusorios actos y en la dualidad de los hombres. No obstante, esto ya no sucede, una vez que tú has visto la luz en el rostro de Cristo, "desde el interior de Él".

EL ILUSIONISTA

El diablo construye sus engaños basado en nuestro historial de temores y fracasos, los cuales la mayoría de la gente repite mental y verbalmente.

Esto manifiesta síntomas en nuestro cuerpo que nos recuerdan enfermedades pasadas. El es un ilusionista y el padre de toda mentira.

Su arma más poderosa es traer a nuestra memoria palabras que nos producen temor. La gente que tiene miedo frecuentemente habla de sus temores, y el diablo graba cada una de estas palabras.

Por ejemplo, recuerdo que cuando era un muchacho me cargaba que mi madre me recordara que si jugaba afuera en el frío, descalzo o sin camisa, me iba a enfermar. Recuerdo repetir audiblemente los recuerdos de la última infección que había tenido en la garganta.

Inevitablemente, en cuestión de horas, los síntomas manifestaban de nuevo una infección.

La siguiente cosa que sucedía, era que mi madre me llevaba al doctor mientras me repetía el famoso discurso de "te lo dije". Para empeorar las cosas, me ponían una inyección y me daban una receta de antibióticos que terminaba dañando mi sistema inmunológico.

La enfermedad se manifestó como resultado de mi creencia basada en la advertencia de mi madre y en la memoria verbalizada interna y externamente. Mi imagen mental de mi condición física reforzó el ciclo de la enfermedad, que yo repetía con lujo de detalles.

Esta historia sirve para ilustrar una de las estrategias que el diablo usa para controlarnos, aplicando dudas y temores. Nuestras imaginaciones y pensamientos son campos fértiles, pero si les añadimos temor crean una cosecha de destrucción.

La mayoría de la gente toma la decisión conciente de que la enfermedad, la pobreza, o el desastre van a afectar sus vidas, y que la única opción que les queda es en quién van a confiar para resolver esa crisis.

Tristemente, la mayoría de las personas ponen sus esperanzas en las soluciones de los hombres. ¿Podrá Dios usar a un hombre para resolver nuestros problemas? La respuesta es sí, pero Dios quiere que confiémos primero en Él y no como último recurso.

La mentalidad prevaleciente del primer Adán es la fuente de nuestra confusión. Debemos rechazar todo pensamiento derivado del temor y de la incredulidad. Estos pensamientos se originaron en Adán y están completamente fuera de Cristo.

"Porque ya que la muerte entró por un hombre, también por un hombre vino la resurrección de los muertos. Porque así como **en Adán** todos mueren, también en Cristo todos serán vivificados".

1 Corintios 15:21-22 NET, énfasis del autor

Hemos podido ilustrar la diferencia entre estar "en Adán" estar "en Cristo". El mundo físico fue diseñado para reflejar al mundo espiritual.

Nuestra naturaleza debe reflejar a Cristo, pero la decisión es nuestra, ya que Dios es justo y no fuerza a nadie a amarlo. Por lo tanto, Dios le da al diablo ciertas libertades, incluyendo el engaño para provocar que el hombre busque su destino en Cristo.

El diablo no es creativo, es más bien, bastante predecible. Su primera táctica consiste en trucos combinados con imaginaciones ilusorias diseñados para involucrar nuestro orgullo y nuestro sentido de auto preservación.

Las ilusiones (engaños) que más fácilmente son creídas han sido construidas a partir de nuestra propia naturaleza egoísta. La gente codiciosa cree en las mentiras, lo cual hace el trabajo del diablo mucho más fácil.

Por ejemplo, mucha gente cae víctima de los fraudes "Hágase rico rápidamente" ya que su conciencia pecaminosa los convence que son inmunes al engaño. Todos hemos pecado, y mentir se encuentra al principio de la lista.

La verdad es que el diablo tiene el derecho legal sobre aquellos que viven en Adán y que han mentido o engañado a otros. Todo aquel que miente, cosechará lo mismo. El ilusionista es muy hábil en hacer creer algo falso porque él es el padre de toda mentira. Por lo tanto, si estamos "en Cristo", Quien Es la Verdad, no seremos engañados.

Incluso el concepto del "yo" está compuesto de una falsa idea proveniente de imágenes mentales de la realidad. Estos conceptos e imágenes irreales son el fundamento que el diablo usa para aplicar todos sus trucos ilusionistas.

Las ilusiones prevalecen en todos los que están preocupados de su propia identidad o imagen personal. La fama, popularidad y la notoriedad son más deseables para aquellos, cuyas mentes están ocupadas con la ilusión de su ego.

Las ilusiones que el diablo usa para atrapar a la gente se originan en las imágenes mentales que ellos practican y declaran.

Los jóvenes forman sus imágenes de las películas, de los juegos y de sus compañeros. Ellos se encuentran inundados con anuncios y comerciales diseñados para influir en sus deseos y en el ego de su imagen.

El mundo de los videojuegos y del cine está relacionado estrechamente a los pensamientos y a las imaginaciones. Como resultado de esto, no es difícil usar las imágenes subliminales como una forma de hipnosis para todos los que están buscando una identidad. Es muy fácil entender por qué los jóvenes hoy en día se sienten tan atraídos al mundo de los videojuegos.

La realidad es opacada en las pantallas y se transmite fácilmente del video a la mente del joven. El rechazo es uno de los temores que el diablo usa en las generaciones jóvenes, junto con la falta de perdón y resentimiento, lo cual los lleva a comportarse aborreciblemente.

La corrupción de la mente humana es la meta número uno del diablo y de sus demonios. Las ilusiones son convincentes para aquellos, cuyas mentes estan condicionadas a este mundo y a su realidad.

El mundo espiritual es menos importante para los que tienen sus mentes ocupadas en evaluar el último grito de la moda o los últimos videojuegos.

Su búsqueda de Dios se convierte en algo crítico solamente después de sufrir una crisis o recibir una mala noticia. Una vez que todas las opciones naturales no han funcionado, entonces la gente se voltea a Dios.

> "No os dejaré huérfanos; vendré a vosotros. Un poco más de tiempo y el mundo no me verá más, pero vosotros me veréis; porque yo vivo, vosotros también viviréis".
>
> **Juan 14:18-19 GW**

Jesús está explicando el paso desde el mundo físico a la realidad espiritual. El mundo espiritual es la verdadera vida fuera del mundo físico y es visible a aquellos que han hecho la transición "hacia el interior de Cristo".

La mente de Adán muy raras veces descansa. Está siendo nutrida y estimulada por "el temor", que es el agente catalítico en aquellos pensamientos que nutren el pecado, la enfermedad, y la muerte.

La mayoría de la gente que experimenta molestias físicas síntomas de enfermedades, rápidamente asumen lo peor aunque confiesen tener esperanza y fe.

La sociedad y la mayoría de los miembros de las iglesias aceptan y confian en el reporte del doctor como la palabra final en todos los diagnósticos y tratamientos, aunque con la boca digan lo contrario.

El acto de creer en un síntoma requiere de nuestra imaginacion y orgullo. La primera, toma la imagen de nuestra mente y el segundo manifiesta los síntomas. Una buena porción de la gente que sufre malestares físicos, se hace un auto diagnóstico basado en "lo peor que les podría suceder".

Prefieren ser profetas que se encargan de cumplir sus propios pronósticos, aunque con ello tengan que pagar el precio. Se necesita de la misma energía para creer en la cruz y en el precio que fue pagado por nuestra sanidad que para creer en una mala noticia.

En otras palabras, muy frecuentemente la gente manifiesta la enfermedad que ellos mismos han declarado, a fin de proclamar "si lo sabía" o "te lo dije" y así se identifican con la mayoría de la sufrida humanidad.

Aquellos que tienen un diagnóstico médico negativo, como cáncer, han tenido la elección de confiar en la imaginación engañada de otra persona o en la promesa de Aquel que venció sobre todas las cosas. Frecuentemente, aquellos con un diagnóstico de este tipo, suelen creer en los médicos.

Una vez que se ha llevado a cabo la transición desde el pensamiento y declaración verbal de la enfermedad al momento de imaginarla en el cuerpo, el siguiente paso es inevitable; los síntomas van a empeorar y dependiendo del nivel de temor, los resultados serán peores.

Creo que la gente aplica más fe en las soluciones ofrecidas por los médicos que en las palabras de Cristo. ¿Puede Dios usar a la ciencia para resolver nuestros problemas?

La respuesta es sí. Dios usa a los médicos para ayudar a los incrédulos y a los cristianos inmaduros, pero su solución para todas las enfermedades estuvo colgada en una cruz hace más de 2000 años.

En Cristo (dentro de Él) no existen enfermedades, y la salud divina es la vida de todos aquellos que manifiestan el reino de Dios.

> "Porque habéis muerto, y vuestra vida está escondida con Cristo en Dios".
>
> **Colosenses 3:3**

Es necesario entender la realidad de Adán, la cual está centrada en su ego (su yo). La ciencia ha constatado que el hombre está consciente de su medio ambiente 10 segundos por minuto.

En otras palabras, 50 segundos de cada minuto, "el ego" se encuentra consumido en sus propias percepciones y necesidades.

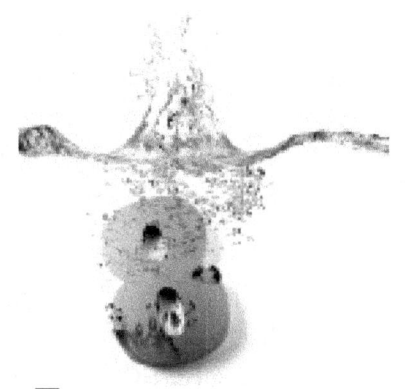

Imagen y Semejanza de Adán

La imagen y semejanza de Dios en Adán fue reemplazada con pecado, lo que corrompió perpetuamente el ADN (herencia) espiritual del hombre. Además, el pecado formó el vacío dentro de la identidad del hombre, quien siempre intenta llenarlo desde el mundo de la ilusión.

La ciencia ha hecho descubrimientos asombrosos, que demuestran el vacío en que nacimos y la preocupación de cada generación por descubrir el verdadero "yo".

Usamos frases todos los días describiéndonos como "yo", ¿pero alguna vez te has puesto a pensar en la ubicación real dentro del cuerpo de la persona que tú identificas como "yo"?

De acuerdo a la ciencia, no existe un lugar "físico" dentro de tu cuerpo donde "tú" realmente existas. Estamos formados de átomos, que a su vez están formados de partículas y ondas girando a la velocidad de la luz en el espacio.

¿Qué es un átomo? Los átomos son las partículas básicas que constitutyen la "materia" que forma los objetos. Una mesa, una silla, el aire, incluso tú estás formado de átomos. Los átomos son invisibles al ojo humano. Sin embargo, existen cerca de 20 millones de átomos de hidrógeno en la cabeza de un alfiler.

La ciencia cree que el universo -formado también de átomos- está en realidad vacío, y todo aquello que siempre pensábamos que era sólido, de hecho es una ilusión óptica.

Aún los físicos como Einstein, describen nuestra creencia acerca del material sólido como algo ilusorio e irreal de acuerdo a sus datos científicos.

Si un solo átomo fuera amplificado al tamaño de una cancha de fútbol, la parte sólida de su núcleo se podría comparar a un grano de arroz y el resto estaría vacío. El núcleo del átomo forma el 99.99% de toda su materia y masa lo que hace que el átomo esté compuesto mayormente por un "vacío".

Los átomos forman la estructura del mundo físico y mayormente están vacíos. Sin embargo, percibimos el mundo y nuestros cuerpos humanos como algo sólido.

De acuerdo a la ciencia, lo que percibimos como nuestro "yo", es una ilusión de nuestros sentidos que habita en el espacio vacío. Si tuviéramos los microscopios adecuados podríamos ver el mundo de las cosas que identificamos como sólidas, vibrando a velocidades equivalentes a su composición molecular. La madera, el vidrio, el metal y el ladrillo, vibran en frecuencias diferentes debido a su composición física y a los átomos que los conforman.

Los átomos pueden ser descritos como energía que está vibrando en frecuencias diferentes. Sus formas y densidades son relativas a la velocidad en que vibran. **Todo se mueve más rápido de lo que nuestros ojos pueden ver, creando la ilusión de algo sólido.**

Para ilustrar este principio, piensa en la hélice que está girando a altas velocidades en el ala de un avión. Si la observas, parece un objeto sólido girando y no varias aspas separadas.

Nuestros sentidos han imaginado que el cuerpo es sólido, aunque científicamente estamos compuestos de un 99.99% de espacio vacío. El principio más importante que debemos entender es que todo está vibrando a velocidades diferentes, incluso la "persona" que tú identificas como "tú".

Además, la ciencia identifica diferentes campos electromagnéticos, conforme a la estructura atómica de cada persona. En otras palabras, los pensamientos crean un campo electromagnético, que atrae la energía y la materia relativa a su velocidad. Por lo tanto, aquellos que quieren atraer el cielo, deben vibrar a su velocidad la cual es ligera y rápida. Para mí esto se logra a través de la genuina adoración.

Por otro lado, el reino de las tinieblas es denso y sus vibraciones pesadas. Los individuos temerosos, cargados y oprimidos atraen circunstancias y personas con una frecuencia o vibración similar. El poder del pensamiento se incrementa por medio de las palabras declaradas. Nuestros pensamientos atraen energía y nuestras palabras atraen la materia.

Los mismos principios operan en las dimensiones espirituales. Los pensamientos de Cristo vibran en frecuencias fuera del ámbito del tiempo y del espacio, atrayendo la gloria celestial. El poder celestial que afecta nuestra vida se encuentra limitado por la mentalidad o nivel de conciencia que tengamos de Cristo.

El origen de nuestros pensamientos es un tema muy discutido y tratado en muchos libros. Creo que los pensamientos están formados de influencias espirituales que son el resultado de nuestra mentalidad. Somos seres espirituales con antenas invisibles atrayendo la energía que estamos transmitiendo en forma inconsciente.

El Espíritu Santo nunca deja de enviarnos Sus transmisiones de amor y aceptación, provenientes del Padre Celestial. Una razón por la cual no recibimos Su comunicación es el ruido que producimos.

La hiperactividad de nuestra conciencia describe y genera imágenes mentales todo el tiempo, produciendo una mente que incanzablemente se está retroalimentando.

La búsqueda sin fin por encontrar un propósito en lo natural una identidad nos impide escuchar la voz de Jesús cantando nuestro nombre y describiendo nuestro destino. Su voz ha sido descrita como el sonido de "muchas aguas" que fácilmente resuenan dentro de nuestros cuerpos, compuestos principalmente de agua.

Aquellos cuyas mentes están concentradas en Cristo serán guiados por el Espíritu Santo, mientras que aquellos que están cautivos de este mundo, serán influenciados por el príncipe de la potestad del aire.

La mayoría de los científicos describen el mundo visible como algo ilusorio, debido a que la materia está formada de átomos, que predominantemente son espacios vacíos. La realidad es que el mundo se encuentra como en el Génesis, vacío y desordenado.

Sin embargo, Jesús nos ha dado la autoridad para manifestar el cielo en la tierra de la misma forma como Él lo hizo en el principio. Vuelve a leer la última oración varias veces, y permite que penetre en tu espíritu.

Todos los días se nos presenta la oportunidad de comer del árbol de vida o del árbol del conocimiento del bien y del mal, igual que el primer Adán. La decisión de vivir dentro de Cristo y Su reino, o de vivir en el mundo del conocimiento del bien y del mal, de lo bueno y lo malo, de lo verdadero o falso es nuestra.

La religión, la filosofía y la ciencia no son la solución para la raza humana, y de hecho éstas constituyen el problema.

Jesús ilustra el modelo y provee los recursos a través del Espíritu Santo.

La mente del hombre ha sido diseñada para transformar el ámbito físico tomando el espiritual. Adán perdió esta habilidad por causa del pecado, pero Jesús con el Espíritu Santo, ha abierto las puertas del cielo para que los hombres vuelvan a tener acceso. El camino es muy fácil de entender, pero la sumisión es difícil. La naturaleza del pecado no sólo corrompió la mente del hombre, sino que también infectó su cuerpo.

El hombre es un ser tripartito, lo que significa simplemente que él es un espíritu con un alma y que reside en un cuerpo temporal. El hombre ha sido diseñado para albergar en la Trinidad y reproducir hijos de Dios por toda la tierra.

El plan del diablo es destruir la mente del hombre y eventualmente matar su cuerpo. El diablo combina el temor y la ilusión para producir deseos enfermizos y preocupar sus pensamientos, lo cual resulta en enfermedad y padecimientos.

Sígueme, mientras descubrimos las estrategias del diablo para destruir el alma y el cuerpo. Dios quiere armarte con el conocimiento suficiente para romper las ataduras y adicciones que sentías imposibles de vencer. El señor Jesús ha escuchado tu clamor, y hoy es el día de tu salvación sobre toda enfermedad y padecimiento.

El Adán Químico

Dios formó a Adán de la tierra y en forma simultánea encendió con Su aliento su alma y espíritu. Adán fue conectado espiritualmente con un sistema respiratorio celestial a través del aliento, de los pensamientos y sangre de Dios.

En tanto que él permaneciera unido a Dios, el pecado no podría destruir ni su alma ni su cuerpo. El pecado destruye primero la mente y, eventualmente, el cuerpo desarrollará enfermedades físicas. **Los pensamientos son la fuente de origen del pecado y nuestra sangre, el conducto para la destrucción del cuerpo.**

Esta sección ilustrará el camino destructivo del pecado, comenzando primero con la mente y acabando con el cuerpo.

Fisiológicamente, nuestros cerebros están hechos de células nerviosas muy pequeñas llamadas neuronas. Estas neuronas tienen fibras muy delgadas parecidas a los "cabellos" que se conectan con otras neuronas para formar una red.

Los pensamientos y las memorias se generan en los puntos de conección de estas neuronas, formando una "biblioteca mental" de experiencias y relaciones, que se convierte en el centro de recursos de la mente.

Esto significa que a través del tiempo, todas nuestras ideas, deseos, imaginaciones, pensamientos y sentimientos van a construir una red integrada de sensaciones a través del cerebro y del sistema nervioso central del cuerpo. Estas son como avenidas de experiencias asociadas con nuestras emociones.

Por ejemplo, si uno piensa en una amistad, que trae un recuerdo de dolor por una herida recibida, esta puede estar conectada al enojo o a la venganza, que a su vez evoca la imagen de una persona específica o algún evento, constituyendo el concepto de amistad en esa persona.

Supongamos que Diana se enamoró de Juan y se casó con él, pero descubre que Juan es infiel y está emocionalmente devastada.

El dolor que ella siente se convierte en heridas y enojo, que derivan en venganza y sospechas en contra de todos los hombres. Ella se divorcia de Juan y construye un muro emocional de trato injusto y discriminatorio, formado a partir de los sentimientos de dolor, enojo y sospecha.

Este muro de emociones es construido a partir de la red neurológica o "biblioteca mental" que se encuentra sofisticadamente unida a través del sistema nervioso central a todos los pensamientos que están asociados con el amor o el matrimonio. El dolor por esa relación es reforzado por medio de estas imágenes y conceptos, haciendo que se sienta como una víctima.

Estas "películas" que observamos dentro de nuestras mentes suceden en forma instantánea y son realidades que activan nuestras emociones. El cerebro no es capaz de distinguir entre una imagen que proviene de fuera de la mente de una que está almacenada dentro de ella.

Toda imagen mental es formada primeramente detrás de la corteza cerebral con luz y sonido provenientes de la vista y el oído.

Nadie es capaz de hacer observaciones objetivas en el presente, debido a las experiencias pasadas y a nuestra condición emocional actual. Cada vez que experimentamos una nueva relación o situación la medimos de acuerdo a nuestras memorias pasadas. Esto impide que alguien sea objetivo y, por consecuencia, todas nuestras observaciones son subjetivas

Todas nuestras experiencias almacenadas del pasado contaminan el presente y añaden "peso emocional" a las imágenes con las que definimos nuestro "yo".

La frase, "viviendo en el pasado" es cierta y es una de las ataduras que obstaculizan nuestra fe.

Básicamente, nuestras percepciones de la realidad son hechas a partir de nuestro "espejo" de memorias. Es este reflejo el que contribuye a formar nuestra personalidad y la idea de quienes creemos que somos. En la mayoría de los casos, la vida que vives es el reflejo de experiencias pasadas.

La mente forma memorias digitales a través de los cinco sentidos, auxiliados primeramente por la luz y el sonido. Esto significa que aún el hecho de tocar, probar, u oler algún objeto físico es comparado con las imágenes digitales del pasado almacenadas en nuestra biblioteca mental. ¿Estás comenzando a entender la forma en que las ilusiones juegan con nuestras percepciones de la realidad, especialmente en lo que concierne a la luz y el sonido?

Nuestras imágenes de la realidad producen emociones a partir de pensamientos e imágenes conectadas a nuestra red nerviosa en el lóbulo frontal del cerebro. Podemos determinar que nuestros sentidos no son confiables y, por lo tanto, son incapaces de discernir la realidad.

Esto no impide que las personas dependan de su vida emocional debido a estas imágenes falsas, que finalmente producen actitudes y comportamientos negativos.

Por ejemplo, si estamos continuamente enojados, tristes o deprimidos, el punto de unión en la red nerviosa se hace más fuerte haciendo más dificil cambiar un comportamiento. Eventualmente formamos una relación destructiva a largo plazo por medio de esas emociones. La red se expande aumentando los comportamientos destructivos mientras, más respondemos a nuestros sentimientos.

Por otro lado, cuando reímos o cantamos podemos romper conexiones negativas formadas en nuestras redes neurológicas. Estas actividades pueden excitar las células nerviosas e interrumpir pensamientos y así romper los patrones de comportamiento destructivo.

El deseo es la emoción más adictiva en nuestros cuerpos, y frecuentemente se refleja a través de imágenes mentales. Estas imágenes o imaginaciones son sensaciones químicas almacenadas en el lóbulo frontal de nuestra mente.

Si percibimos las ilusiones de nuestros pensamientos como una realidad, el cuerpo le dará forma a las emociones conectadas a esas creencias. Estas crean un desequilibrio en el centro emocional del cuerpo y activan una glándula llamada hipotálamo.

Nuestros cerebros son las fábricas farmacéuticas más grandes del planeta. Una de las responsabilidades de la glándula hipotálamo es unir los químicos que asociados y que corresponden a nuestros deseos emocionales.

Estos químicos son llamados péptidos, que son un tipo de aminoácidos. El hipotálamo segrega componentes químicos que se asemejan a las emociones. Existen químicos para la tristeza, enojo, discriminación, lujuria, depresión, y gozo, por dar algunos ejemplos.

Si nuestro cerebro o nuestro cuerpo encuentra alguna de estas emociones, el hipotálamo fabrica un péptido para despertar estos sentimientos. Entonces esparce esos péptidos a través de nuestra corriente sanguínea hasta llegar a las células.

Imagínate un sobre puesto en un buzón en el que hay una carta con información codificada, diseñada para equilibrar la condición de las células. Los péptidos son aminoácidos muy fuertes, cuya función principal es equilibrar el centro emocional del organismo.

Los neurólogos han identificado un péptido llamado encefalinas, conocido por actuar como agente activo en los opios, como la heroína y la morfina. Este péptido natural es distribuido en nuestra corriente sanguínea durante una respuesta al estrés autodestructivo.

La mente fabrica y distribuye estos péptidos intentando sedar el sistema nervioso central y prevenir la muerte.

Las células del cuerpo han sido diseñadas para regenerarse eficazmente cuando los químicos o aminoácidos son alcalinos. Los pensamientos de felicidad, paz, y gozo, generan la nutrición adecuada para la reproducción de células saludables.

Por otro lado, la tristeza, enojo, ira, celos, y depresión producen químicos ácidos, los cuales cambian la estructura del ADN en las células.

Básicamente, nuestras emociones provocan imágenes, las cuales producen sustancias que pueden alterar nuestras células. Las células forman adicciones a los químicos y relaciones a largo plazo con las emociones. El cuerpo refleja el químico que requiere más frecuentemente.

El hecho de consumir drogas farmacéuticas debilita y eventualmente destruye el sistema inmunológico del cuerpo. Al paso del tiempo, el cuerpo pierde su habilidad para producir los químicos adecuados necesarios para proteger sus órganos.

El cuerpo crea demanda en la glándula hipotálamo para suplir químicos que requieren las emociones ligadas a la traición, paranoia, apetitos físicos, sexuales o cosas semejantes.

La mente no juzga el carácter de la persona que está demandando estos químicos, simplemente los suple para satisfacer el trauma emocional creado por la naturaleza pecaminosa del primer Adán. A menos que cambie el carácter, el cuerpo y la mente, una persona será esclava de sus emociones.

Podemos convertirnos en adictos a los químicos que produce nuestro cuerpo aún si los comportamientos son destructivos. Por ejemplo, la gente que se visualiza a sí misma como víctimas, inventan escenarios en su mente para atraer una situación de la "vida real", a fin de producir ese aminoácido.

Mientras más convencidos estamos de la realidad de nuestras emociones, más adictos nos convertimos a los sentimientos de la fábrica farmacéutica de nuestra mente. Por lo tanto, nuestro cuerpo se convierte en el centro de decisiones, en lugar de que sea nuestra mente. La mente es el "traficante de drogas" que está proveyendo los químicos y las memorias para apoyar nuestras adicciones.

En este punto, nuestros cuerpos controlan nuestros apetitos físicos y mentales. Una persona que se deprime habitualmente, deforma las células e inhibe la recepción de los aminoácidos naturales. El cuerpo refleja las células enfermas en la apariencia física, en formas tales como arrugas, círculos oscuros alrededor de los ojos y hombros encorvados.

Después de un período de tiempo, las células se irritan y transmiten imágenes de desesperación al cerebro. Estos son los primeros signos de adicción, y muestran una presentación cinematográfica completa con imágenes y narración.

La estrella de la película eres tú, y la trama está construida a partir de las emociones que demandan tu atención. Las imágenes como la depresión, enojo o discriminación se repiten una y otra vez dentro de la mente de aquellos que son adictos a estos sentimientos.

Por ejemplo, las personas con desordenes alimenticios escuchan voces dentro de su cabeza gritándoles, "Alimentame", "me estoy muriendo de hambre", o "si no tengo comida, me voy a morir". Estas voces se complementan con imágenes que muestran enormes platos de sus comidas favoritas, junto con las memorias de cuando ellos se sintieron completamente satisfechos. Las imágenes asociadas con el sonido son adicciones muy difíciles de romper.

Uno de los aminoácidos más comunes que los científicos han identificado se llama "Ghrelin", este le dice al cerebro que es tiempo de comer. Cuando las "voces" de adicción le dicen al cerebro que tiene hambre, el hipotálamo fabrica "Ghrelin" en un esfuerzo para satisfacer el hambre y silenciar esas voces.

Desafortunadamente, si las células han sido deformadas por el abuso del aminoácido, el cuerpo ya no va a "sentirse satisfecho" y seguirá comiendo. La actividad demoníaca es la raíz de la adicción, puesto que no se trata de algo simplemente psicológico.

El hecho de comer azúcares refinados crea un desequilibrio en el páncreas, porque eleva los niveles de insulina, cuyo resultado es diabetes. El apetito por este tipo de azúcares es equivalente a la adicción a las drogas.

El cuerpo forma un eslabón a la "sensación de satisfacción" de la insulina, que temporalmente te hace "sentir bien".

Todos aquellos que abusan del azúcar blanca pueden desarrollar diabetes, si esto ocurre, los doctores les van a recetar insulina, cuyos efectos secundarios van desde la ceguera hasta la pérdida de miembros del cuerpo.

Consecuentemente, el azúcar o los apetitos por cualquier cosa dañina para nuestro cuerpo, sólo nos traerá enfermedades destructivas.

Este es un principio muy importante que debemos entender. Si tú te sientes inútil para poder controlar los deseos destructivos, lo más probable es que te encuentras bajo influencia demoníaca y necesitas liberación. El Espíritu Santo me ha usado para liberar a aquellos con adicciones creadas por influencias demoníacas.

Una forma de romper con los comportamientos y adicciones es cambiar las imágenes almacenadas en la mente. Una función del cerebro es proteger el cuerpo con deseos nutricionales adecuados. Sin embargo, si las emociones controlan nuestros pensamientos e imágenes mentales, el cerebro producirá péptidos o aminoácidos para satisfacer una crisis.

Usualmente, la gente que ha tenido relaciones desafortunadas en el amor, desea las sensaciones y sentimientos que una vez experimentaron antes de la separación o del divorcio.

En la mayoría los casos, las personas intentan revivir las tentaciones o sentimientos asociados con el amor a través de futuros compañeros. Básicamente, son adictos a las expectativas o a las ideas preconcebidas de "estar enamorado".

Estas conexiones fueron formadas a partir de las reacciones químicas que sus emociones demandaron en el pasado. Los resultados con futuros compañeros normalmente son predecibles debido a la inestabilidad y a las adicciones. La gente se enamora y se aparta de estas relaciones amorosas debido a que las personalidades adictas necesitan drogas cada vez más fuertes para satisfacer sus apetitos.

La mayoría de las personas se debilitan físicamente y se cansan debido a la montaña rusa emocional producida por las adicciones químicas que el cuerpo demanda para ese "arreglo" emocional. Esta es la razón por la cual es tan difícil poder aquietar la mente.

Después de que el cuerpo es incapaz de suplir los químicos que se necesitan, la gente recurre a los médicos para que le receten medicamentos sintéticos más fuertes. La droga sintética genera un desequilibrio más serio que también tiene efectos secundarios.

Si alguna vez has observado los comerciales que anuncian medicinas cuando están describiendo sus efectos secundarios, sabrás que esto es cierto.

Más aún, la células se deforman tanto, que aunque hagamos ejercicio y alimentemos el cuerpo con una nutrición adecuada y vitaminas, nuestras células son incapaces de procesar los nutrientes saludables.

El hecho de percibir la realidad con nuestros cinco sentidos es suficientemente peligroso, pero si nuestros sentidos se encuentran dañados emocionalmente, nuestra perspectiva de la vida ha sido alterada para siempre. Nos convertimos en un esclavo de nuestras emociones y químicamente adictos.

En conclusión, el cuerpo está formado de miles de millones de células, cuyo propósito principal es proteger al cuerpo y reproducir células saludables. Los péptidos o aminoácidos han sido diseñados para traer un equilibrio al sistema. La célula ha sido nombrada la unidad mental más pequeña en el cuerpo humano.

En mi opinión, la células son la energía de Dios dentro de nuestras complejas máquinas. De hecho, las células están concientes, y si nuestros pensamientos están conectados a Cristo, podemos experimentar salud divina.

La Biblia dice que el reino de Dios no consiste en comer y beber, sino en justicia, paz y gozo en el Espíritu Santo. Esto por sí solo es una receta para la salud divina en nuestro cuerpo y en nuestra alma.

SECCIÓN III

EL SEGUNDO ADÁN

El mayor deseo de Dios es que los hombres lo descubran a Él como la justicia, paz y gozo que están buscando. Jesús estableció el reino de los cielos en la tierra para satisfacer el corazón de Su Padre Celestial.

El reino de Dios es visible para todos aquellos que han nacido en Cristo, pero es invisible para los que permanecen en Adán.

La religión ha construido doctrinas y teologías entorno a la experiencia de "nacer de nuevo", pero Dios quiere llevarnos a un nivel mucho más profundo de lo que la gente entiende sobre este tema.

Jesús es la manifestación visible e invisible de ese nacimiento. El nació de una virgen por el Espíritu Santo, y también el es "El Agua" que describió a Nicodemo.

Debes "Nacer de Nuevo"

Aquellos que alguna vez han asistido a una iglesia cristiana han escuchado la frase "nacer de nuevo" seguido por la descripción de "cómo" recibir la experiencia. Uno puede recibir salvación, pero "nacer de nuevo" es algo mucho más profundo. En mi caso como en el de muchos, después de recitar "la oración del pecador", mi vida no sufrió ningún cambio.

Varios años más tarde, descubrí que la experiencia era mucho más que tan solo repetir escrituras después de un pastor o de unirme a una iglesia. Me di cuenta que mi condición mental, que era el resultado de Adán, impedía mi nacimiento espiritual en Cristo, y por esto es que Jesús dijo, "arrepentíos".

Fue esta revelación lo que provocó mi arrepentimiento, y el hambre para hacer cualquier cosa que fuera necesaria a fin de poder experimentar un verdadero nacimiento "En" Cristo.

Es obvio que la experiencia de "nacer de nuevo" enseñada comúnmente no está transformando a la gente o la sociedad.

Las iglesias están experimentando crecimiento, pero los mismos pecados existentes en el exterior prevalecen también dentro de las cuatro paredes del templo. Además, sus miembros se encuentran enfermos, y en muchos casos, en peor condición que los de afuera.

Hay algunos cuyas vidas han sido cambiadas y están haciendo una diferencia genuina para Cristo dondequiera que van. Sin embargo, la mayoría, forma sus propias opiniones y creencias derivadas de la opinión popular y aceptan los puntos de vista del mundo.

Hemos hablado acerca del paralelo que existe entre la creación y el de "nacer de nuevo", pero creo que esto debe ser explicado de tal forma, que nadie mal entienda el poder en esta transformación.

Este no es un caminar filosófico que se pueda experimentar con la mente, sin renunciar a las estructuras del primer Adán. Por esta razón el mensaje que Jesús predicó fue "arrepiéntete", cambia tu manera de pensar.

La transformación de la mente comienza con el reconocimiento de la condición en que nos encontramos, y la pasión para arrepentirse. **A fin de que un ser humano pueda ver el reino de Dios, tiene que nacer de una dimensión fuera del tiempo.** La siguiente conversación entre Nicodemo y Jesús es muy importante si aplicamos lo que hemos entendido acerca del agua y del Espíritu.

"Había un hombre de los fariseos, llamado Nicodemo, prominente entre los judíos. Este vino a Jesús de noche y le dijo: Rabí, sabemos que has venido de Dios como maestro, porque nadie puede hacer las señales que tú haces si Dios no está con él. Respondió Jesús y le dijo: En verdad, en verdad te digo que el que no nace de nuevo no puede ver el reino de Dios.Nicodemo le dijo: ¿Cómo puede un hombre nacer siendo ya viejo? ¿Acaso puede entrar por segunda vez en el vientre de su madre y nacer?"

Juan 3:1-4 NRSV

Jesús contestó una pregunta que Nicodemo nunca hizo. Nicodemo está asombrado con las señales y milagros, y Jesús le explica por qué él no los puede hacer. Parafraseando diría, "Nicodemo, tú eres judío de nacimiento, pero no eres un ciudadano del reino de Dios".

"Jesús respondió: En verdad, en verdad te digo que el que no nace de agua y del Espíritu no puede entrar en el reino de Dios".

Juan 3:5 NASB

Creo que la verdadera experiencia de "nacer de nuevo" es análoga a la forma como Jesús nació físicamente.

"Respondiendo el ángel, le dijo: El Espíritu Santo vendrá sobre ti, y el poder del Altísimo te cubrirá con su sombra; por eso lo santo que nacerá será llamado Hijo de Dios".

Lucas 1:35 NASB

El Espíritu Santo impregnó a María con Jesús para preservar la línea sanguínea de Su Padre Celestial y restablecer Su Reino. El modelo todavía es el mismo, excepto que ahora Jesús por ser el "Agua Viva" funge como el vientre para que podamos nacer, y no María.

Jesús da nacimiento a todos aquellos que han sido impregnados por el agua y el Espíritu en el Cristo que es el reino de Dios.

Hace mucho tiempo, cuando Dios hizo un pacto con Abraham, Él hizo más que convertirlo en un padre. Dios abrió el vientre físico de Sara y el vientre espiritual de Israel.

Estoy hablando de la nación redimida de los lomos de Abraham. **Dios protegió ese vientre a través de toda la historia hasta que el "autor" de las palabras proféticas se convirtió en el Verbo Viviente.**

Nuestro espíritu despierta al ser engendrado por el Espíritu Santo. El "Agua Viva" (Jesús) es el vientre y el nacimiento que culmina en la mente de Cristo. **El reino de Dios, aunque es invisible a la mente natural, transforma la realidad cuando cambiamos los sentidos por la fe.**

El nuevo nacimiento espiritual no consiste en recitar Escrituras, como se practica en los altares de la mayoría de las iglesias y en la televisión cristiana. Este "nacer de nuevo" es una transformación demostrada por la revelación del ámbito invisible.

En otras palabras, todos aquellos que han nacido al reino de los cielos, en realidad han sido testigos del cielo. He tenido muchos encuentros con seres angelicales, cuyo propósito ha sido ayudarme a que el reino de Dios se establezca en mí.

En muchas ocasiones, los ángeles me han acompañado al cielo para orquestar la adoración y la guerra espiritual en tareas específicas. Los ángeles son los encargados celestiales de poner en práctica la salvación, y nosotros somos las bocas proféticas del Espíritu Santo en la tierra.

> "¿No son todos ellos espíritus ministradores, enviados para servir por causa de los que heredarán la salvación?"
>
> **Hebreos 1:14 BBE**

Jesús dice que debemos buscar primeramente el Reino de los cielos, que es Él Mismo. El reino de los cielos no es un lugar físico, sino la mente de Cristo. Jesús nos muestra más del reino de Dios y del reino del hombre en la siguiente conversación:

> "Lo que es nacido de la carne, carne es, y lo que es nacido del Espíritu, espíritu es. No te asombres de que te haya dicho: "Os es necesario nacer de nuevo".
>
> **Juan 3:6-7 BBE**

Era necesario que Jesús hiciera la diferencia entre el carácter y la naturaleza de las personas nacidas de la carne y de aquellas nacidas del Espíritu. Los que están etiquetados como "cristianos carnales", son aquellos que no han nacido del agua y del Espíritu.

Tienen conocimiento, pero sus mentes todavía están conectadas a Adán, lo que les impide ser impregnados por el Espíritu Santo.

Pablo hace una declaración en Corintios que creo que prueba mi punto:

> "Así que yo, hermanos, no pude hablaros como a espirituales, sino como a carnales, como a niños en Cristo".
>
> **1 Corintios 3:1**

Jesús compró a todos los hombres por medio de la Cruz. Todos los hombres le pertenecen, pero no todos los hombres son ciudadanos del reino de Dios ni son salvos. Sólo a través del nacimiento por el agua y por el Espíritu puede convertirlos en ciudadanos del Reino de Dios.

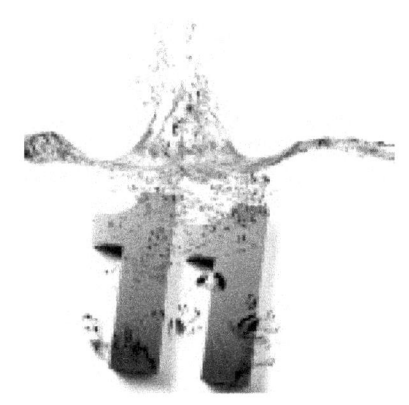

EL MODELO BÍBLICO

Es muy importante volver a analizar la conversación entre Jesús y la mujer samaritana. Abre tu espíritu, a medida que lees el diálogo entre una persona religiosa y Jesús que es "el agua espiritual" de Dios.

"Entonces la mujer samaritana le dijo: ¿Cómo es que tú, siendo judío, me pides de beber a mí, que soy samaritana? (Porque los judíos no tienen tratos con los samaritanos).

Respondió Jesús y le dijo: Si tú conocieras el don de Dios, y quién es el que te dice: "Dame de beber", tú le habrías pedido a Él y Él te hubiera dado agua viva.

Ella le dijo: Señor, no tienes con qué sacarla, y el pozo es hondo; ¿de dónde, pues, tienes esa agua viva? ¿Acaso eres tú mayor que nuestro padre Jacob, que nos dio el pozo del cual bebió él mismo, y sus hijos, y sus ganados?

Respondió Jesús y le dijo: Todo el que beba de esta agua volverá a tener sed, pero el que beba del agua que yo le daré, no tendrá sed jamás, sino que el agua que yo le daré se convertirá en él en una fuente de agua que brota para vida eterna.La mujer le dijo: Señor, dame esa agua, para que no tenga sed ni venga hasta aquí a sacarla".

Juan 4:9-15 NRSV

Esta conversación ilustra la mente del primer Adán intentando entender el mundo espiritual. Jesús comienza la conversación pidiéndole agua natural.

Obviamente, Él tenía físicamente hambre y sed, porque los discípulos fueron a buscar comida, tal y como lo mencionan las Escrituras. Además, puedes notar después de leer el capítulo entero, que Jesús nunca come o bebe.

Esto me ministra, debido a que el Espíritu Santo me ha sostenido con comida y con agua espirituales en un sinnúmero de ocasiones. La mente del primer Adán no está acostumbrada al ámbito del espíritu y a los términos tales como "Agua Viva".

La mujer le dice a Jesús que ella quiere el "agua", para no tener más sed, ni tener que trabajar más trayendo el agua.

En otras palabras, (parafraseando) "Dame cualquier cosa que mejore mi vida, sin forzarme a cambiar mi comportamiento".

Desafortunadamente, la mayoría de los que se identifican a sí mismos como "nacidos de nuevo" se encuentran en esta condición. Lo que hace muy dificil al liderazgo cambiar a sus seguidores que están estancados.

La mente natural es incapaz de entender "el nuevo nacimiento" o el reino de Dios. El mensaje del "Reino" es muy popular entre el pueblo de Dios, pero se ha convertido más en un cliché, que en una verdadera transformación de la sociedad y de las estructuras religiosas. Nota que Jesús le pide a ella que haga algo que eventualmente la llevará a un encuentro espiritual.

> "El le dijo: Ve, llama a tu marido y ven acá. Respondió la mujer y le dijo: No tengo marido. Jesús le dijo: Bien has dicho: "No tengo marido", porque cinco maridos has tenido, y el que ahora tienes no es tu marido; en eso has dicho la verdad. La mujer le dijo: Señor, me parece que tú eres profeta".
>
> **Juan 4:16-19**

La mujer samaritana identificó a Jesús como un profeta porque Él supo su situación matrimonial y su entrenamiento religioso. Jesús es "El Profeta" debido a que la naturaleza de un verdadero profeta es ver continuamente el cielo, estableciendo siempre en la tierra todo lo que está arriba.

Otro propósito del profeta es ministrar "Agua Viva" a todos los que están muriendo de sed espiritual. En otras palabras, un profeta siempre estará escurriendo agua fresca o revelaciones de Cristo, y no necesariamente "dando una palabra" a aquellos que no quieren beber directamente de Jesús.

> "Pero el que beba del agua que yo le daré, no tendrá sed jamás, sino que el agua que yo le daré se convertirá en él en una fuente de agua que brota para vida eterna".
>
> **Juan 4:14 NRSV**

La religión es la misma que hace 2000 años. La religión mata a los profetas ya que las revelaciones frescas de Jesucristo dejan perplejos a aquellos que quieren controlar a la gente con temores y que solo buscan su propio reino. Jesús vino para cumplir la ley y para reestablecer el reino.

> "Nuestros padres adoraron en este monte, y vosotros decís que en Jerusalén está el lugar donde se debe adorar. Jesús le dijo:
>
> Mujer, créeme; la hora viene cuando ni en este monte ni en Jerusalén adoraréis al Padre. Vosotros adoráis lo que no conocéis; nosotros adoramos lo que conocemos, porque la salvación viene de los judíos. Pero la hora viene, y ahora es, cuando los verdaderos adoradores adorarán al Padre en espíritu y en verdad; porque ciertamente a los tales el Padre busca que le adoren.
>
> Dios es espíritu, y los que le adoran deben adorarle en espíritu y en verdad. La mujer le dijo: Sé que el Mesías viene (el que es llamado Cristo); cuando El venga nos declarará todo. Jesús le dijo: Yo soy, el que habla contigo".
>
> **Juan 4:20-26 WEY**

La mujer cree igual como muchos, que a fin de tener poder, Jesús tiene que regresar. Esta mentira ha paralizado a la iglesia impidiéndole asumir su función como la autoridad en esta tierra. Jesús dice que AHORA es el tiempo para que se ejercite y se utilice el poder vencedor. El "Agua Viva" es la entrada al reino de Dios.

La conversación que Jesús tuvo con un ciego después de haberlo sanado, también demuestra la mentalidad actual de muchos cristianos. Éste hombre era un judío religioso que esperaba que el Mesías lo liberara de todos sus problemas.

> "Jesús oyó decir que lo habían echado fuera, y hallándolo, le dijo: ¿Crees tú en el Hijo del Hombre? El respondió y dijo: ¿Y quién es, Señor, para que yo crea en El? Jesús le dijo: Pues tú le has visto, y el que está hablando contigo, ése es. El entonces dijo: Creo, Señor. Y le adoró".
>
> **Juan 9:35-38 NASB**

El hecho de beber el "Agua Viva" despierta el espíritu y la respuesta inmediata es adorar a Dios que nos da la vida. La adoración abre los cielos y nos permite ver el reino de los cielos.

La Biblia dice que la gracia y la verdad vinieron por Jesús (Juan 1:17). No existe manera alguna en que uno pueda adorar genuinamente al Padre Celestial quien es Espíritu sin haber bebido el agua viva, que es Jesús. El poder para transformar tu vida depende de la sed que tengas por La Verdad.

Parece que la mayoría de los que se llaman a sí mismos "nacidos de nuevo" están esperando que Jesús termine lo que él ya hizo. En el tiempo en que estaba en la tierra, sucedió lo mismo que está pasando actualmente. La religión espera, mientras el reino avanza. ¿Qué es lo que tú estás haciendo?

Entrar en Jesús es Nacer de Nuevo

La religión hace a la gente "testaruda" y resistente al cambio. La mayoría de los cristianos en Norteamérica están contentos con mensajes de superación personal y prosperidad. Muchos no ven la razón para preocuparse con mensajes o ministerios que reten su estatus quo. Yo me convertí en cristiano cuando era un adolecente y mi vida reflejó la misma actitud de aquellos que lo hicieron antes de mí.

Eventualmente me di cuenta que mis creencias estaban fundadas en la experiencia de alguien más. Repetir "la oración del pecador" y mi bautismo fueron una fórmula vacía que no produjo nada en mi "naturaleza" más que una fachada religiosa.

Estaba enfermo, deprimido, sin dinero, y luchando con los mismos deseos de todos aquellos que nunca se acercan a las puertas de una iglesia. Llegó el tiempo en que tuve que hacer una decisión en mi vida, a partir de mi conocimiento y experiencia personal, en lugar de basarme en un pastor predicador.

Me encerré en mi recámara y clamé sinceramente con el deseo de conocer a Dios. El Espíritu Santo respondió a mi sinceridad. Su amor y bondad derritieron mi corazón e iluminaron mi mente. Las Escrituras se convirtieron en Palabra Viva revelando los misterios del reino.

La luz y vida de Cristo penetraron mi alma, tal como si Jesús mismo estuviera parado enfrente de mí. Jesús se convirtió en el amante de mi alma y gustosamente le entregue toda mi vida.

El no me pidió que yo muriera por Él. Yo sentí como que ya estaba muerto a este mundo. Fue durante ese tiempo que Jesús me enseñó lo que estoy a punto de enseñarle a aquellos de ustedes que están dispuestos a cambiar.

Jesús me dijo, "Mi pueblo está escogiendo perecer por falta de conocimiento, ya que Yo he estado compartiendo este mensaje por generaciones. Ha lastimado mi espíritu el ver incontables cantidades de gentes rehusando entrar a la dimensión espiritual. Todos aquellos que hagan el esfuerzo por cambiar van a ser recompensados en esta vida y en las edades venideras, la vida eterna".

> "A todos ustedes que tienen oídos para oír y ojos para ver, les voy a mostrar lo que el Espíritu Santo me reveló. Pongan mucha atención a la frase "en Mí". Pero si las hago, aunque a mí no me creáis, creed las obras; para que sepáis y entendáis que **el Padre está en mí y yo en el Padre**".
>
> **Juan 10:38 Traducción BBE**

"Yo soy la vid, vosotros los pámpanos; el que permanece **en m**í, y yo en él, ése da mucho fruto, porque separados de mí nada podéis hacer. Si alguno no permanece **en mí**, es echado fuera como una rama, y se seca; y los recogen, los echan al fuego y se queman. Si permanecéis **en mí**, y mis palabras permanecen **en vosotros**, pedid lo que queráis y os será hecho".

Juan 15: 5-7 BBE, énfasis del autor

"Para que todos sean uno. Como tú, oh Padre, **estás en mí y yo en ti**, que también ellos estén en nosotros, para que el mundo crea que tú me enviaste".

Juan 17:21 BBE, énfasis del autor

"Yo en ellos, y tú en mí, para que sean perfeccionados en unidad, para que el mundo sepa que tú me enviaste, y que los amaste tal como me has amado a mí".

Juan 17:23 BBE, énfasis del autor

En este punto debería ser obvio que el poder para transformar los pensamientos se obtiene "entrando a Cristo". Una de las mejores Escrituras para demostrar el poder y la realidad de esta declaración es el siguiente.

"¿No crees que yo estoy en el Padre, y el Padre en mí? Las palabras que yo os digo, no las hablo por mi propia cuenta, sino que el Padre que mora en mí es el que hace las obras.

Creedme que yo estoy en el Padre, y el Padre en mí; y si no, creed por las obras mismas. En verdad, en verdad os digo: el que cree en mí, las obras que yo hago, él las hará también; y aun mayores que éstas hará, porque yo voy al Padre".

Juan 14:10-12 GW

Las palabras que Jesús habla son espíritu y son vida ya que Él está hablando sólo lo que el Padre Celestial habla a través de Él. El modelo de transformación y autoridad genuina para alterar todo tipo de circunstancias está basado en estos versículos.

Jesús dijo: si quieres hacer las mismas o mayores obras, necesitas creer "en Mí". La persona religiosa lee este versículo e interpreta que significa algo completamente diferente.

Jesús acaba de describir la relación que él tiene con Su Padre Celestial. Debemos asumir que para poder realizar mayores obras, uno debe seguir el mismo modelo. Por lo tanto, el creyente debe residir "en Jesús" de la misma forma como Él es en el Padre.

En otras palabras, cada vez que leemos la Escritura que dice, "creer en mí" deberíamos interpretarla como que significa, "CREER DESDE DENTRO DE MÍ".

> "En ese día conoceréis que yo estoy en mi Padre, y vosotros en mí, y yo en vosotros".
>
> **Juan 14:20 GW**

La prueba de la verdadera transición es "en aquel día". ¿De qué día estaba hablando Jesús? ¿Se trata del rapto o del día de Su venida? ¡NO! Es aquel día cuando todos los que profesan haber "nacido de nuevo" hacen milagros iguales o mayores a los que Él realizó. Ese es el día, cuando Jesús dijo que tú conocerías que Él está en el Padre, y tú EN ÉL.

Todos aquellos que no hacen esa transición no han "nacido de nuevo"o y sus vidas no son diferentes de aquellos que profesan cualquier otra filosofía. **La filosofía es una creencia mental y no una transformación espiritual.**

Jesús es la transición espiritual hacia el poder del Dios creador. La mayoría de las confusiones deriva de la interpretación de los versículos que describen una creencia o fe "en" Jesús, en lugar del modelo que Él establece en Juan 14:10-11.

Parece implicar que podemos conocer a Jesús en la misma forma como la gente conoce al presidente de su país. Ellos saben su nombre y probablemente han visto su rostro en la televisión, pero en la mayoría de los casos no lo han conocido en persona.

Por ejemplo, mucha gente puede creer en un político al que apoyan, pero si ese político arregla un problema personal para ti -debido a su posición- tu creencia se convertirá en confianza. **La confianza se forma como resultado de un conocimiento íntimo y de una experiencia con esa persona.**

La fe es un producto derivado de la confianza y es el resultado de vivir "en Cristo". Todos los que "dicen que creen" en Cristo son, en su mayoría, personas que están dependiendo de las experiencias en Cristo de alguien más. Ese fue mi problema pensar que era un cristiano "nacido de nuevo", cuando no poseía fe suficiente ni para detener un dolor de cabeza.

> "Para que abras sus ojos a fin de que se vuelvan de la oscuridad a la luz, y del dominio de satanás a Dios, para que reciban, **por la fe en mí**, el perdón de pecados y herencia entre **los que han sido santificados**".
>
> **Hechos 26:18 BBE, énfasis del autor**

Recuerdo que respondí a una invitación en una iglesia para aceptar a Cristo como mi Señor pasando al frente del altar. Repetí algunos versículos después del pastor y me dijeron que yo había "nacido de nuevo". Me dieron alguna literatura y me motivaron a unirme a la iglesia y ser bautizado, y así lo hice.

Me enseñaron acerca de la salvación y varios versículos que se repiten en Romanos 10:9-10 y en Efesios 2:8-9. Los versículos están en la Biblia y son parte de la verdad. Jesús es la verdad completa, y después de experimentarlo a través del Espíritu Santo, mi creencia se convirtió en fe. **La fe siempre crece en la medida que perdemos nuestra identidad terrenal.**

Me di cuenta que "Entrar en Cristo" se realiza solamente después de que mi espíritu se conecta con el Espíritu de Dios y toma el dominio sobre el alma. Mi alma era quien señoreaba en mí y no era posible entrar a Él a menos que yo le rindiera el control de mi vida sacrificando mi "Yo" en su altar. Es en el espíritu dónde reside la fe. La razón por la cual yo tenía tan poca fe se debía a que mi alma se encontraba a cargo de mi.

> "El que crea y sea bautizado será salvo; pero el que no crea será condenado. Y estas señales acompañarán a los que han creído: en mi nombre echarán fuera demonios, hablarán en nuevas lenguas; tomarán serpientes en las manos, y aunque beban algo mortífero, no les hará daño; sobre los enfermos pondrán las manos, y se pondrán bien".
>
> **Marcos 16:16-18 BBE**

No existe atajo alguno para entrar en Cristo y Su reino. Todo comienza en la cruz, pero no termina ahí. La Iglesia de hoy debe asumir su responsabilidad para resolver los problemas de la sociedad.

Jesús destruyó las obras del diablo con el poder de Dios. Él dijo que las obras que el hacía no eran de Él, sino de Dios. Ese es nuestro modelo, y si deseamos ser como Él, debemos dejar de ser religiosos y clamar al Señor hasta que seamos transformados.

La conversión al reino consiste en entrar en Cristo, por medio de beber el "Agua Viva" a través del Espíritu. ¿Cómo llegas a beber el agua espiritual? Te puedo contar mi experiencia, pero no es una fórmula ni el único camino para lograrlo.

Mi Conversión

La religión y la opinión de la gente me habían agotado de tal manera, que me encerré en mí mismo y apartándome de todo comencé a clamar por la verdad. En medio de mis lágrimas y la confesión de mi mal comportamiento y de mis malos pensamientos, algo sucedió.

Mi mente estaba siendo sumergida dentro de una paz y gozo que yo no podía comprender. De repente, sentí una frescura en mi alma, y que todo mi ser estaba siendo lavado desde dentro hacia fuera. Experimente un "conocimiento" interior de haber entrado en una "nueva" vida con una energía invisible que poseía una personalidad y un amor imposible de describir.

Por lo que no hay palabras con las que pueda explicar la sensación de pertenencia tan sobrecogedora que experimenté. El poder fue asombroso y aterrador al mismo tiempo. Aterrador porque me sentí vulnerable en la presencia de la santidad de Dios, teniendo miedo de pensar o hacer cualquier cosa que pudiera ofenderlo.

Lo único que hice fue adorarlo con todo mi ser. Todo dentro de mí clamaba "Santo", "Santo", "Santo". Mi vida fue transformada, porque yo había probado el agua viva y había sido invitado a Su reino. Este no es el final de mi conversión, sino solamente un vistazo del comienzo de una búsqueda sin fin para "conocerlo" a Él. Recordé que Jesús le hizo una pregunta a la mujer samaritana; Él dijo:

> "Respondió Jesús y le dijo: Si tú conocieras el don de Dios, y quién es el que te dice: "Dame de beber", tú le habrías pedido a El, y El te hubiera dado agua viva".
>
> **Juan 4:10 BBE**

La verdad te hace libre sólo si conoces a Aquel quien es la verdad. Jesús toca el punto sensible al decirle a la mujer que estaba adorando algo que ni siquiera conocía.

> "Vosotros adoráis lo que no conocéis; nosotros adoramos lo que conocemos, porque la salvación viene de los judíos".
>
> **Juan 4:22 BBE**

Este es y siempre ha sido uno de los problemas a través de la historia. La gente puede tener conocimiento religioso acerca de Jesús, pero muy pocos tienen el conocimiento que Jesús estaba describiendo.

Él está hablando acerca de la perla o del tesoro, que te motiva a vender todo lo que tienes para obtenerlo. Este es el "Agua Viva" que Él ofrece a todos los que tienen conocimiento de quién es Él y lo mucho que

Él Vale. ¿Te está dando sed? Beber de Jesús produce poder porque Él es "Agua Viva" que salta para vida eterna.

Mi vida cambió dramáticamente después de que comencé a tener sed por algo más que un simple conocimiento mental de Jesús. Adorar era lo único que yo quería hacer.

No me importaba lo que otros pensaran o cómo me veían. Lo único que quería era hacer y conocer en la tierra y en el cielo que Jesús era el centro de mi atención. El era el único que yo quería agradar, y si eso significaba ponerme a danzar en frente de la gente para expresarle mi amor, eso haría y de hecho fue precisamente lo que hice.

Existe un "lugar" dentro de cada uno de nosotros que "conoce" la verdad. Los filósofos, científicos, y la gente religiosa están de acuerdo en que las experiencias que van más allá del razonamiento, tales como las que han pasado por una muerte clínica, impactan grandemente a la gente.

Es durante esos momentos que "La Verdad" es revelada. El "lugar" donde se encuentra la verdad es accesible por el Espíritu de Verdad. Las verdades parciales y la mediocridad es la condición de una mente que no ha sido convertida, y esta mentalidad es responsable de la religión.

El Espíritu Santo te está hablando en este momento para que Le pidas el "Agua Viva". Él te dará de beber gozosamente, debido a que Él sabe que te convertirás en un adorador celestial aquí en la tierra.

¿Es suficientemente claro este cuadro? El reino del cielo está lloviendo y reinando sobre la tierra. Es el agua viva la que activa tu espíritu para tener un encuentro real con Cristo. Es el Espíritu quien te guía a "toda verdad" y estimula tu sed.

Contemplar a Jesús sólo es posible después de que el Espíritu te da "Agua Viva". La palabra contemplar no significa simplemente mirar, sino implica comprensión, que a su vez significa tener un conocimiento y entendimiento revelador acerca del objeto.

Imagínate a una persona que está muriendo de sed en el desierto, si el cuerpo es introducido al elemento líquido de H2O, los órganos vuelven a nacer, y lo que estaba muriendo hace poco tiempo, se llena de energía con vida. Jesús es el agua espiritual para la vida y en muchos caso se hace presente a través del agua física.

Aquellos que no han entrado al reino no pueden Verlo, ni entender Sus palabras. Yo estoy hablando de una transformación real la cual te llevará a un cambio tangible, y no una experiencia percibida o psicológica. La gente que escucha palabras de hombres o que están conformes con su forma de religión siguen enfermos, pobres y temerosos, porque su espíritu se encuentra seco y aletargado.

El espíritu de la mayoría de la gente se encuentra moribundo y sin vida. Nuestro espíritu conoce la verdad, pero no tiene la fuerza o poder para dirigir una rebelión en contra de las estructuras de la mente y del alma. Después de que el "Agua Viva" entra, algo milagroso sucede. El cielo invade el espíritu con luz y con la vida.

"En El estaba la vida, y la vida era la luz de los hombres".

Juan 1:4 KJV

El Padre, quién dijo, "sea la luz", ilumina tu espíritu para recibir la verdad. De inmediato se abren tus ojos y oídos espirituales, y lo profético es activado.

> "Pues Dios, que dijo que de las tinieblas resplandecerá la luz, es el que ha resplandecido en nuestros corazones, para iluminación del conocimiento de la gloria de Dios en la faz de Cristo".
>
> **2 Corintios 4:6 NET**

Un caminar exitoso que transforma a un niño en un hijo maduro requiere del Espíritu Santo. Gracias a Dios por Jesús, Su vida y Palabras, mientras estuvo en la tierra son los tesoros eternos para la herencia escondida, para que cada generación la busque como la perla preciada.

Mi vida cambió dramáticamente al practicar lo que he compartido en estas páginas. El día que el Espíritu Santo comenzó a mostrarme a Cristo como el agua viva, tanto en forma física como espiritual, el cielo se abrió y escuché la voz de Dios que dijo, "recibe la unción de Natanaél".

"Felipe encontró a Natanaél y le dijo: Hemos hallado a aquel de quien escribió Moisés en la ley, y también los profetas, a Jesús de Nazaret, el hijo de José. Y Natanaél le dijo: ¿Puede algo bueno salir de Nazaret?

Felipe le dijo: Ven, y ve. Jesús vio venir a Natanaél y dijo de él: He aquí un verdadero israelita en quien no hay engaño. Natanaél le dijo: ¿Cómo es que me conoces? Jesús le respondió y le dijo: Antes de que Felipe te llamara, cuando estabas debajo de la higuera, te vi. Natanaél le respondió: Rabí, tú eres el Hijo de Dios, tú eres el Rey de Israel.

> Respondió Jesús y le dijo: ¿Porque te dije que te vi debajo de la higuera, crees? Cosas mayores que éstas verás.Y le dijo: En verdad, en verdad os digo que veréis el cielo abierto y a los ángeles de Dios subiendo y bajando sobre el Hijo del Hombre".
>
> **Juan 1:45-51 BBE**

Jesús escogió a Sus discípulos, pero ellos necesitaron escogerlo a Él también. Esta es la condición de la raza humana. Dios escogió reconciliar al mundo Consigo Mismo, pero Él no obliga a nadie para qué Lo acepte.

Natanaél se sintió atraído a Jesús debido al carácter profético que manifestó a través de Sus palabras. Él estaba "en el Padre" y el Padre estaba "en Él". conectado proféticamente todo el tiempo con el cielo. Cuando estamos concientes de Cristo, su carácter profético va a ser manifestado en nuestros pensamientos, acciones y en la sociedad.

El carácter de Natanaél lo calificó para ver lo invisible. El Espíritu Santo le abre el cielo a cualquiera que no tiene malicia, lo que significa ser inocente o tener un corazón sin engaño.

El amor es atraído y emite una frecuencia que protege a todos aquellos que tienen la gloria de Dios y permite que vean y escuchen las maravillas del cielo.

Nuestro carácter debería atraer al amor y abrir los cielos. Tenemos que ser en la tierra mansos como palomas y astutos como serpientes.

El Señor me habló hace muchos años y me dijo que fuera menos conciente de mí mismo y más conciente de Su Espíritu, y mi vida cambiaría. Creo que esta instrucción es para todos si quieren conocer a Aquel que los ama mucho más de lo que se pueden amar a sí mismos.

13 • Mi Conversión

El Verdadero Discipulado

Jesús define específicamente la palabra discípulo, como aquellos cuyo deseo es imitarlo. A través de los siglos la definición ha permanecido, pero los propósitos han cambiado. La mayoría de los cristianos han estado más interesados en perpetuar sus doctrinas y formas, que en depender del Espíritu Santo y seguir a Jesús dondequiera que Él vaya. El discipulado es la puerta al mundo espiritual y es el único requerimiento para los que quieren entrar.

Hay muchas religiones que requieren que sus discípulos se separen del mundo y vivan en una forma austera. Desvafortunadamente, en la mayoría de los casos, esto es forma sin sustancia debido a que los libros religiosos que estudian y siguen no son la palabra viva. Esto no quiere decir que el Espíritu Santo no visitará a aquellos que desean encontrar a Jesús. Él no es religioso y contestará a todo aquel que clama por Él.

Su modelo de discipulado es simple; debes dejar las seguridades falsas del mundo visible, para que Él abra tus ojos espirituales. Uno de los objetivos de este libro es equiparte con una revelación de Cristo que provoque un perpetuo terremoto en cada área de tu vida. Otro es llegar a lo profundo de cada ilusión mentirosa de tu vida y desbaratarla para que puedas ver y escuchar las instrucciones del Espíritu de Dios.

Aquellos que están ocupados entreteniéndose en "su realidad" o que se encuentran satisfechos con su vida, no les va a interesar dar los pasos necesarios para la transición hacia Cristo.

De hecho, la Biblia no les hará sentido y tampoco la tomarán en serio. La Biblia es un libro codificado, escrito para aquellos que han sido inducidos en la mentalidad y en los recursos de su Autor. El reino de los cielos es Cristo. Su autoridad es impartida sobrenaturalmente a aquellos que están escondidos en Él.

Cuando alguien -pudiendo ser maduro- depende de otros para oír la voz de Dios y extraer vida de las escrituras, se convierte en un religioso y no puede reproducir la mente de Cristo. Tal y como lo dijimos anteriormente, sólo los discípulos tienen acceso a experimentar los misterios del reino.

"Y acercándose los discípulos, le dijeron: ¿Por qué les hablas en parábolas? Y respondiendo Él, les dijo: Porque a vosotros se os ha concedido conocer los misterios del reino de los cielos, pero a ellos no se les ha concedido.

> Porque a cualquiera que tiene, se le dará más, y tendrá en abundancia; pero a cualquiera que no tiene, aun lo que tiene se le quitará. Por eso les hablo en parábolas; porque viendo no ven, y oyendo no

oyen ni entienden. Y en ellos se cumple la profecía de Isaías que dice: "Al oír oiréis, y no entenderéis; y viendo veréis, y no percibiréis; porque el corazón de este pueblo se ha vuelto insensible y con dificultad oyen con sus oídos; y sus ojos han cerrado, no sea que vean con los ojos, y oigan con los oídos, y entiendan con el corazón, y se conviertan, y yo los sane".

Mateo 13:10-15 AMP

Básicamente lo que Jesús dijo, es que, sólo a sus discípulos les es dado el entendimiento de los secretos de Su reino.

Debes considerar esta declaración. Jesús está hablando de una sabiduría que va más allá de un entendimiento práctico o de una interpretación filosófica. El está hablando de un reino invisible, que no puede ser percibido por los sentidos, ya que estos no son adecuados para ver y escuchar el reino.

Además, la mente es torpe, aunque en el origen fue construida para entender una dimensión diferente. El profeta Isaías, dice, cambia y "serás sanado". Una de las definiciones de sanar es restaurar la pureza o integridad.

Dios está esperando que nosotros cambiemos nuestras ideas, pensamientos y conceptos de la realidad, para que pueda ser restaurada la pureza e integridad. A través de Su sacrificio, Jesús sanó completamente nuestro espíritu, alma y cuerpo. Esta es la salvación para todos los hombres.

Sin embargo, a menos que nos convirtamos a través del arrepentimiento (cambiando nuestra idea de justicia), nuestros ojos espirituales permanecerán ciegos a esta obra consumada.

Ya hemos discutido la transición espiritual hacia Cristo por medio del agua y del Espíritu. Esta transición se llama "nacer de nuevo" o entrar al reino de los cielos. Creo que Jesús nos restaura de nuestro pasado y sana a los que entran al reino.

La religión fuerza a la gente a conformarse con una organización, en lugar de depender del Espíritu. Sus métodos se transforman en estructuras que moldean la mentalidad de sus adeptos. En otras palabras, si alguien habla acerca de un concepto y le da la forma en que se debe concebir, siempre que se toque ese tema la persona estará condicionada a pensar de esa manera especifica.

Esto bloquea nuestra capacidad de escuchar al espíritu. Un simple ejemplo es cuando en el mundo, alguien dice la palabra perro y nos imaginamos a un perro como punto de referencia. Debes notar la siguiente Escritura declarada por Jesús:

> "Entonces Jesús decía a los judíos que habían creído en Él: Si vosotros permanecéis en mi palabra, verdaderamente sois mis discípulos; y conoceréis la verdad, y la verdad os hará libres".
>
> **Juan 8:31-32 NASB**

Comúnmente la gente está condicionada a pensar que "la palabra" se refiere a la Biblia, pero interpretar estos versículos así, está fuera de contexto. Jesús es la Palabra, y está hablando de permanecer en Él. Si alguien desea conocer la verdad, debe conocer primero la Palabra, no sólo las Escrituras. El diablo usa nuestros recuerdos y nuestras creencias para paralizar nuestra mente y pensamientos, evitarndo que se conviertan a Jesús.

No cambiaremos hasta que seamos liberados del

pasado, de lo que creíamos que era nuestra realidad de Cristo, de la iglesia, de la verdad y de la libertad y seamos llevados a "nacer de nuevo".

Nuestras mentes han sido creadas para tener acceso y operar dentro de la dimensión espiritual, y esto requiere más de los cinco sentidos. Creo que la mentalidad de Cristo es "conocer" sin tener que aprender.

En otras palabras, todos aquellos cuyas mentes han entrado en Cristo ya no están sujetos a las leyes y reglas de la educación tradicional. El ámbito de lo sobrenatural es la norma, y no la excepción.

"Y que seáis renovados en el espíritu de vuestra mente..."

Efesios 4:23

"Estar en Cristo" es algo fuera del tiempo y del aprendizaje tradicional, pero requiere de fe para entrar en esa dimensión que es la única realidad en el vasto universo. Los hombres no son capaces de medir o calcular las dimensiones de Dios, que son la sustancia misma de Cristo.

"Ahora bien, la fe es la certeza de lo que se espera, la convicción de lo que no se ve".

Hebreos 11:1 KJV

Es precisamente esa sustancia, la fe, la que capacita nuestra mente para entender y asirse del poder y la autoridad que Jesús ofrece a los que se convierten en discípulos. Nos volvemos coherederos con el Rey.

¿Entiendes por qué este criterio tiene que ser tan estricto? La definición de un discípulo dada por Jesús básicamente dice, (parafraseando) "No debemos ser afectados por las ilusiones (mentiras) de este mundo". Aquellos que forman dependencias con el mundo visible son engañados más fácilmente.

> "Si alguno viene a mí, y no aborrece a su padre y madre, a su mujer e hijos, a sus hermanos y hermanas, y aun hasta su propia vida, no puede ser mi discípulo.
>
> El que no carga su cruz y viene en pos de mí, no puede ser mi discípulo.
>
> Así pues, cualquiera de vosotros que no renuncie a todas sus posesiones, no puede ser mi discípulo".
>
> **Lucas 14:26-27 y 33 KJV**

Este es un asunto muy serio. Nadie puede ser transformado, ni puede recibir realeza, si tiene dependencias con el mundo físico. Nada de la dimensión física puede influenciar aquellos que verdaderamente se han convertido.

La verdad requiere morir a todas nuestras percepciones de la realidad. Debemos perder el derecho a formar o expresar opiniones para recibir las de Él.

Debemos escoger entre confiar en Él completamente seguirle echando la culpa a alguien más por nuestros fracasos, el resto de nuestra vida.

Sólo los discípulos tienen la habilidad de escuchar y ver el ámbito espiritual. ¿Por qué? Jesús pagó el precio más alto a fin de que el Padre enviara Su Espíritu para que tú y yo podamos vivir en Él y Él en nosotros. Si vivimos en la Verdad vamos a ver la Verdad y tendremos comunión con el Padre.

Esta es la perla de gran precio. Salomón dijo que no deberías echar tus perlas a los puercos, porque ellos no las pueden valorar. Los discípulos atesoran la perla y han pagado su precio.

El Discipulado Comienza en la Cruz

Los discípulos niegan la mente de Adán para poder entrar a Cristo. El caminar hacia la mente de Cristo comienza en la cruz, símbolo y recordatorio de la sumisión. Él pagó un precio que nosotros jamás pagaríamos. La cruz es más que un símbolo de dolor y sufrimiento, es la que me lleva al altar cada vez que se me pide sacrificar mi tiempo o dinero.

Es mi recordatorio cada vez que escojo la ilusión mentirosa de la enfermedad y el padecimiento por encima de las heridas y llagas que Él llevó por mi salud divina. La cruz me amonesta cuando veo la fuerza de Su sumisión.

La cruz es mi poder sobre el temor en las horas más oscuras. La cruz es la luz en un mundo que ama las tinieblas y prefiere las mentiras. La cruz es el recurso de mi mente para romper toda ilusión que representa el diablo.

Debemos correr a la cruz y remover las imágenes mentales que hemos formado a través de la religión. Una vez ahí, debemos clavar los deseos e imágenes de dolor y sufrimiento hasta que la realidad de la vida "en Cristo" emane de cada una de nuestras células y de nuestra mente. La fe reemplaza el espíritu de temor, e inunda tu alma.

La muerte ya no es tu peor temor, sino que se convierte en tu mayor herramienta para encarar las ilusiones y amenazas más fuertes del diablo.

Los discípulos voluntariamente se convirtieron en un espectáculo público para que todos los poderes y principados pudieran ver que ya no estaban aliados a su viejo Adán sino a Cristo.

Este poder está disponible para cualquiera que voluntariamente permite que el Espíritu lo clave en la cruz. Jamás tendrás poder si te separas de Aquel que murió por tí. Jesús no fue crucificado para generar lástima o piedad.

La religión mira la crucifixión desde los ojos de un espectador. Los resultados pueden ser emocionales y generan el deseo por entender el amor que lo llevó a tan horrible muerte Pero si tú no asumes tu responsabilidad en esa muerte, tu mente nunca cambiará.

Un discípulo es aquel que reconoce su parte en haber martillado esos clavos en Sus manos y en sus pies. La mente de Adán no es divina, sino vanidad, que intenta justificar su condición de asesino del Cristo. Hoy, la religión está parada al pie de la cruz haciendo un esfuerzo para tratar de entender lo sobrenatural con la mente de Adán.

Una mente que ha sido engañada y confundida desde

el principio del tiempo nunca podrá convertirse en vencedora. Mientras más tratamos de sacarnos a nosotros mismos de esa trampa, es decir, nuestros propios pensamientos, más se aprieta el nudo alrededor de nuestros cuellos. Los hombres corren buscando un experto tras otro, sólo para encontrar las mismas mentiras vestidas de diferentes disfraces.

Jesús dice en Juan 12:32 "Y yo, si soy levantado de la tierra, atraeré a todos a mí mismo".

Nota que Él dijo, "levantado de la tierra". Los hombres han mirado a Jesús colgando en la cruz en la tierra y sus mentes siguen en ese mismo plano terrenal.

Si nuestro punto de vista sigue siendo el de un espectador en la tierra, el mismo espíritu que controló a Adán nos controlará a nosotros. Por lo tanto, aún esa "insignificante" pequeña cantidad de entendimiento acerca de Dios será removida.

> "Porque a cualquiera que tiene (conocimiento espiritual), se le dará más, y tendrá en abundancia; pero a cualquiera que no tiene, aun lo que tiene se le quitará".
>
> **Mateo 13:12 AMP**

Muchos han dicho que la abundancia y la riqueza son las marcas del conocimiento espiritual. Actualmente, la mayoría de los predicadores en Estados Unidos enseñan prosperidad y abundancia como prueba de fe en Dios.

Desafortunadamente, la mayoría de la gente que profesa tener a Dios no es rica.

¿Cuál es el problema? Cada persona debe determinar si el conocimiento en el cual cree, es espiritual o son percepciones del mundo físico. Sólo los discípulos tienen acceso a la sabiduría espiritual del reino.

Yo aprendí algo extraordinario acerca de Jesús. La familia que tú entregas es lo que provoca al Espíritu Santo a cambiar, no sólo tu vida, sino la de aquellos a quienes te has rendido. En otras palabras, tú nunca perderás aquello que le des a Él.

Un discípulo sigue a Jesús hacia las aguas del bautismo, no como un rito o símbolo, sino para completar la transición hacia el reino.

SECCIÓN IV

el Reforma del Bautismo

El bautismo que hemos entendido tradicionalmente requiere la misma reforma que la experiencia de "nacer de nuevo". A Dios le preocupa ver "forma carente de sustancia", es por eso que Él formó la tierra del "Agua Viva" o Cristo, y desea que Su iglesia siga el mismo modelo.

Los planos originales de Génesis reconectarn al hombre con su ADN original, el cual es espiritual. Dios usa el orden para establecer principios, lo cual produce resultados celestiales. **La experiencia de "nacer de nuevo", seguida del bautismo es la "forma con sustancia" y produce autoridad espiritual.**

Los misterios y preeminencia de Cristo son para ser compartidos con Sus discípulos. Hemos discutido el precio para convertirse en uno de ellos, pero ahora vamos experimentar el bautismo como fruto.

La conciencia de Cristo fue formada en la Iglesia primitiva en gran manera debido al bautismo. La Iglesia ha perdido su voz en la tierra, ya que ha seguido las tradiciones de los hombres en lugar de los principios del cielo.

Durante los primeros tres siglos, los ciudadanos romanos que eran bautizados se convertían en marginados y perdían sus propiedades y ciudadanía. Sin embargo, se juntaban en las riveras de los ríos para entregar su vida a Cristo a través del bautismo, concientes de la persecución que les sobrevendría.

La persecución hasta la muerte no es familiar para la mayoría de los cristianos en occidente, pero sin lugar a dudas fue la dinámica más importante para esparcir el cristianismo a través de todo el mundo.

Además, fuera del bautismo, la Biblia no menciona un llamado al altar público para seguir a Jesús. El bautismo alteraba la mentalidad del discípulo el cual se hacía testigo del mundo espiritual conocido como el Reino de los Cielos.

El temor a la muerte era eliminado y un alto nivel de fe inundaba su alma. El diablo sabía la estrategia para destruir el avance del cristianismo que consistía en cambiar los principios espirituales de Dios en fórmulas y ritos.

El resultado es la religión o "forma sin sustancia", y esto ha lastimado al Señor tanto como la traición de Adán. Miles de años antes, Moisés le pidió a Dios "que le mostrara los caminos de Su Espíritu".

Moisés quería "conocer" a Dios. La palabra "conocer" en el hebreo es la forma en que un marido y una mujer se unen en una sola carne. El sabía que la intimidad en el Espíritu le agradaría a Dios y establecería orden.

> "Ahora pues, si he hallado gracia ante tus ojos, te ruego que me hagas conocer tus caminos para que yo te conozca y halle gracia ante tus ojos. Considera también que esta nación es tu pueblo".
> **Éxodo 33:13 GW**

Si queremos conocer a Dios debemos hacer las cosas a Su manera y el bautismo no es una excepción.

Dijimos anteriormente que para poder estar "en Cristo" debemos tener un conocimiento íntimo de Él. El conocer a Dios es revelado a los que siguen sus preceptos por amor y no como una prescripción religiosa.

SECCIÓN IV • La Reforma del Bautismo

Juan el Bautista

Era un gran misterio para mí, el por qué Juan el Bautista, un sacerdote del linaje de Leví, introdujó el bautismo a los judíos, es más, el pavimentó el camino para Jesús, a quien iba a bautizar más tarde. Juan fue el último de los profetas del antiguo pacto y el más grande de acuerdo a Jesús. Además, Juan fue el único profeta, aparte de Jesús, cuyo nacimiento fue profetizado en las Escrituras. (Malaquías 3:1, Isaías 40:3).

"Pero, ¿por qué salisteis? ¿Para ver a un profeta? Sí, os digo, y uno que es más que un profeta. Este es de quien está escrito: "He aquí, yo envío mi mensajero delante de tu faz, quien preparará tu camino delante de ti". En verdad os digo que entre los nacidos de mujer no se ha levantado nadie mayor que Juan el Bautista; sin embargo, el más pequeño en el reino de los cielos es mayor que él".

Mateo 11:9-11 BBE

Juan conocía la ley y los requisitos de consagración del lavamiento con agua antes de entrar al tabernáculo o de vestirse en las vestimentas sagradas. Él también sabía que los levitas estaban separados de la multitud judía y que se santificaban para el servicio en el tabernáculo con esta misma costumbre.

Nuestro análisis anterior del agua y de su relación con Cristo añade una nueva dimensión a la limpieza y santificación en las Escrituras. Tu relación con Cristo mejora cada vez que tú lo veas como las aguas físicas usadas en los propósitos de Dios y las aguas espirituales de la palabra.

> "Entonces harás que Aarón y sus hijos se acerquen a la entrada de la tienda de reunión, y los lavarás con agua. Y vestirás a Aarón con las vestiduras sagradas, lo ungirás y lo consagrarás para que me sirva como sacerdote".
>
> **Éxodo 40:12-13 AMP**

> "Toma de entre los hijos de Israel a los levitas y purifícalos. Así harás con ellos para su purificación: rociarás sobre ellos agua purificadora, y que ellos hagan pasar una navaja sobre todo su cuerpo, laven sus ropas y quedarán purificados".
>
> **Números 8:6-7 BBE**

El bautismo era la demanda de Dios para un nivel más alto de consagración que las leyes concernientes al lavamiento sacerdotal en el Antiguo Testamento. Los judíos creían que la circuncisión era su marca de pacto, pero habían olvidado la responsabilidad de santificación. Dios dio las siguientes instrucciones antes de las promesas y bendiciones.

"Cuando Abram tenía noventa y nueve años, el Señor se le apareció, y le dijo: Yo soy Dios Todopoderoso; anda delante de mí, y sé perfecto".

Génesis 17:1 AMP

La circuncisión recordaba a los judíos, que ellos fueron escogidos para representar la naturaleza santa de Dios en la tierra. El Mesías fue el fruto del pacto de Dios, pero sus corazones endurecidos y su necedad produjo que rechazaran y asesinaran a su propio libertador.

"Este es mi pacto que guardaréis, entre yo y vosotros y tu descendencia después de ti: Todo varón de entre vosotros será circuncidado.

Seréis circuncidados en la carne de vuestro prepucio, y esto será la señal de mi pacto (la promesa o juramento) con vosotros.

A la edad de ocho días será circuncidado entre vosotros todo varón por vuestras generaciones; asimismo el siervo nacido en tu casa, o que sea comprado con dinero a cualquier extranjero, que no sea de tu descendencia".

Génesis 17:10-12 AMP

La ley requería que los niños varones fueran circuncidados al octavo día. El bautismo infantil fue subsecuentemente ordenado en la Iglesia Católica y en algunas denominaciones evangélicas como resultado de esa práctica.

No existe base bíblica para ella y es una de las estrategias que el diablo ha usado para despreciar y destruir el verdadero poder en el bautismo. Dios odia la religión e instruyó a Juan para que advirtiera a los fariseos y saduceos que venían a bautizarse, que tenían que producir frutos que demostraran la circuncisión de sus corazones para que el juicio de Dios no viniera sobre ellos.

> "Circuncidaos para el Señor, y quitad los prepucios de vuestros corazones, hombres de Judá y habitantes de Jerusalén, no sea que mi furor salga como fuego y arda y no haya quien lo apague, a causa de la maldad de vuestras obras".
>
> **Jeremías 4:4 AMP**

> "Pero cuando vio que muchos de los fariseos y saduceos venían para el bautismo, les dijo: Camada de víboras, ¿quién os enseñó a huir de la ira que vendrá? Por tanto, dad frutos dignos de arrepentimiento (dejen que sus vidas prueben el cambio producido en su corazón)..."
>
> **Mateo 3:7-8 AMP**

Juan estaba haciendo un puente entre el Antiguo y Nuevo Testamento con las aguas de Cristo. El estaba proclamando el mensaje del reino con gran poder y autoridad. Juan no era un sumo sacerdote, pero estaba a punto de bautizar a nuestro Sumo Sacerdote, y al hacer esto, estaba espiritualmente ministrando en el Lugar Santísimo.

Por lo tanto, Juan anunció una mayor revelación y consagración que la generación anterior, ya que estaba lleno del Espíritu Santo, desde el vientre de su madre.

> "Y aconteció que cuando Elisabet oyó el saludo de María, la criatura saltó en su vientre; y Elisabet fue llena del Espíritu Santo..."
>
> **Lucas 1:41 BBE**

Una de las señales más importantes de ser lleno con el espíritu es profetizar. El lenguaje del Espíritu transforma tanto el mundo físico como el espiritual.

La marca de un profeta se determina por la revelación de Cristo que se refleja en él.

A fin de que la revelación progresiva de Jesús crezca, cada generación debe moverse del nivel de justicia que posee, hacia el nuevo que esté siendo revelado.

Jesús trajo el reino en su cuerpo físico debido a la profecía. Juan fue enviado a bautizar a aquellos que podían escuchar la voz profética y cambiar.

> "Yo a la verdad os bautizo con agua para arrepentimiento, pero el que viene detrás de mí es más poderoso que yo, a quien no soy digno de quitarle las sandalias; El os bautizará con el Espíritu Santo y con fuego".
>
> **Mateo 3:11 GW**

Hoy sucede lo mismo que en el tiempo de Juan, la religión ha transformado las palabras sobrenaturales de Cristo convirtiéndolas en formas y rituales, incluyendo el bautismo.

Los religiosos se encuentran satisfechos con su revelación de Dios, y por eso persiguen a los profetas que traen los cambios de las nuevas revelaciones. Es esa persecución que se produce el fuego que nos bautiza a los profetas y eventualmente los destruye a ellos.

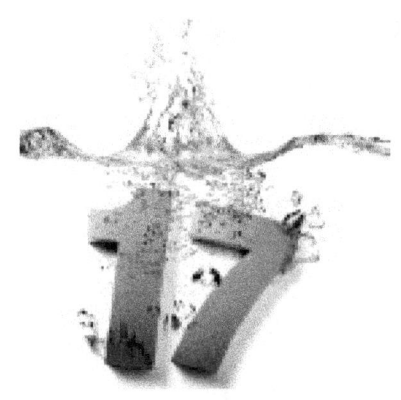

Juan Bautiza a Jesús

¿Por qué Juan bautizó a Jesús? De acuerdo con la ley, el candidato tenía que tener 30 años antes de entrar al sacerdocio. Juan era un levita, hijo del sacerdote Zacarías quien fue enmudecido por un ángel debido a su incredulidad.

Juan era un sacerdote y estaba ungido con el Espíritu Santo desde su nacimiento, lo que autorizaba su posición terrenal y espiritual de acuerdo al cielo y a la ley judía.

Juan sumergió a Jesús como una señal visible de que estaba siendo apartado para el sacerdocio, de acuerdo a la ley de Moisés.

"Entonces llegó Jesús de Galilea al Jordán, a donde estaba Juan, para ser bautizado por él. Pero Juan trató de impedírselo, diciendo: Yo necesito ser bautizado por ti, ¿y tú vienes a mí? Y respondiendo Jesús, le dijo: Permítelo ahora;

porque es conveniente que cumplamos así toda justicia. Entonces Juan se lo permitió".

Mateo 3:13-15 BBE

Juan sabía quién era Jesús, pero no entendía el total significado espiritual detrás de este acto. Muchos cristianos actualmente conocen a Jesús como el Hijo de Dios, pero no conocen el poder del bautismo.

Juan no era un sumo sacerdote por su linaje, y como tal, no le era permitido ministrar en el Lugar Santísimo. Sin embargo, él estaba ordenando a Cristo, quien es nuestro Lugar Santísimo, Dios lo estaba promoviendo a sumo sacerdote.

"Porque todo sumo sacerdote tomado de entre los hombres es constituido a favor de los hombres en las cosas que a Dios se refieren, para presentar ofrendas y sacrificios por los pecados..."

Hebreos 5:1 NET

Jesús por la virtud del bautismo de Juan y Su linaje de la casa de David se convirtió en el Sumo Sacerdote Real bajo el orden de Melquisedec.

"De la misma manera, Cristo no se glorificó a sí mismo para hacerse sumo sacerdote, sino que lo glorificó el que le dijo: Hijo mío eres tú, Yo te he engendrado hoy; como también dice en otro pasaje: Tú eres sacerdote para siempre según el orden de Melquisedec".

Hebreos 5:5-6 NET

"Siendo constituido por Dios sumo sacerdote según el orden de Melquisedec".

Hebreos 5:10 BBE

Jesús sabía la importancia terrenal y celestial de ser bautizado por Juan. Jesús se convirtió en el Sumo Sacerdote del nuevo pacto con todo el poder investido sobre Aarón y Moisés.

El era el sumo sacerdote espiritual bajo el orden de Melquisedec, autorizándolo a bautizarnos en Su Espíritu, y, por lo tanto, cumpliendo "toda justicia".

Jesús Bautizado en el Cristo

La importancia espiritual de este evento es más asombrosa que las palabras y es nuestra herencia para llevarnos a "nacer de nuevo".

Debemos entender que Jesús no nació como "el Cristo" o como la fuente de nuestra salvación. El nació en un cuerpo físico con un alma deformada por el primer Adán (pero sin pecado). Su espíritu era y es Dios, pero su espíritu tenía que conquistar el cuerpo y el alma, igual que todos los hombres.

> "Y aunque era Hijo, aprendió obediencia por lo que padeció; y habiendo sido hecho perfecto, vino a ser fuente de eterna salvación para todos los que le obedecen..."
>
> **Hebreos 5:8-9 NET**

La salvación es diferente de la autoridad de haber nacido de nuevo en Cristo. Jesús compró la salvación para todos los hombres y se encuentra disponible para cualquiera que clame a Él. El ladrón que murió junto a Jesús en la cruz recibió salvación porque creyó que Él era el Hijo.

El no nació de nuevo debido a que no fue sumergido en Cristo. La descripción que Jesús explicó a Nicodemo es, "sumergidos en Él" y se encuentra disponible actualmente para los discípulos. Después de que El subió del agua del Jordán, el Espíritu Santo reposó sobre Él, y el Padre habló.

> "Después de ser bautizado, Jesús salió del agua inmediatamente; y he aquí, los cielos se abrieron, y él vio al Espíritu de Dios que descendía como una paloma y que venía sobre El. Y he aquí, se oyó una voz de los cielos, que decía: Este es mi Hijo amado en quien me he complacido".
>
> **Mateo 3:16-17 NAS**

El modelo usado en la creación estaba formando al segundo Adán, pero esta vez no iba a haber margen alguno para el error.

Jesús entendió que el elemento del agua era algo más que simple líquido, era la conciencia de Cristo invadiendo su alma, Jesús se estaba sumergiendo en Su propio Espíritu, unificándose con el Padre, y con el Espíritu Santo.

> "Él estaba en el principio con Dios. Todas las cosas fueron hechas por medio de Él, y sin Él nada de lo que ha sido hecho, fue hecho".
>
> **Juan 1:2-3 WEY**

En ese instante los cielos se abrieron y el segundo Adán emergió investido de poder. Su Espíritu fue Uno con el Espíritu Santo y con el Padre como era antes de la fundación del mundo.

Pero lo que para nosotros es más relevante, es que se convirtió en la fuente eterna de agua viva.

El modelo celestial para reproducir hijos de Dios en la tierra fue establecido y sellado con el bautismo de Jesús.

El agua viva es el vientre espiritual hacia el reino de Dios. La Palabra de Dios es su semilla incorruptible, y el Espíritu Santo es la persona que impregna nuestro espíritu.

El bautismo fue diseñado para ministrar el cielo dentro de nuestro espíritu, alma y cuerpo en la misma forma como lo hizo Jesús. Se había llevado a cabo una transición entre el antiguo y nuevo pacto. Jesús era un hombre sin pecado y también era Dios. Su reino había trascendido al mismo tiempo las dimensiones visible e invisible por el Espíritu Santo.

Un templo no hecho de manos para que cada generación crezca en la revelación de Cristo y en la autoridad de Su reino. Su bautismo fue el contrato firmado con el cielo de Su compromiso de ir a la cruz a "cumplir toda justicia" y terminar todo lo que se había decidido desde antes de la fundación del mundo.

> "Porque Él estaba preparado (predestinado y conocido) desde antes de la fundación del mundo, pero se ha manifestado (a la vista de todos) en estos últimos tiempos (estos últimos días) Por amor a vosotros".
>
> **1 Pedro 1:20 AMP**

El bautismo debe conducirse en la forma como fue ordenado en el cielo, para que el mismo poder pueda ser impartido. El modelo ha sido corrompido a través la historia. Dios está trayendo una nueva reforma, y enviando profetas para enderezar lo torcido.

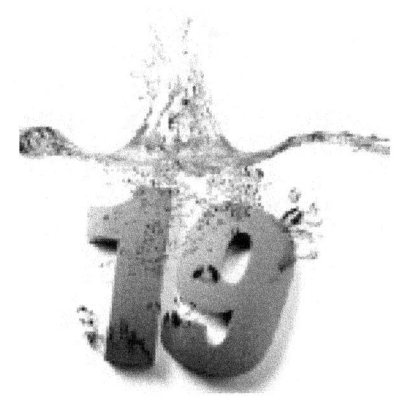

Una Sola Inmersión

Juan bautizó en el Nombre de Jehová o Dios el Padre, ya que él estaba preparando el camino para Aquel que todavía no había llegado. El bautismo de Juan fue una sola inmersión en el perdón del Padre para los que confesaban su iniquidad y su voluntad para ser transformados.

Este bautismo fue para que se convirtieran de las obras muertas de los sacrificios religiosos y de la hipocresía en la que vivían los de la circuncisión. Juan fue el precursor del reino y estaba reconciliando un remanente, cuyos corazones y mentes estaban preparados para el Mesías que iba a venir.

El tiempo de Juan en la tierra estaba llegando a su fin, ya que había cumplido su propósito y llamado.

"Y vinieron a Juan y le dijeron: Rabí, mira, el que estaba contigo al otro lado del Jordán, de quien diste testimonio, está bautizando y todos van a Él. Respondió Juan y dijo: Un hombre no puede recibir nada si no le es dado del cielo Vosotros mismos me sois testigos de que dije: "Yo no soy el Cristo, sino que he sido enviado delante de Él. El que tiene la novia es el novio, pero el amigo del novio, que está allí y le oye, se alegra en gran manera con la voz del novio. Y por eso, este gozo mío se ha completado. Es necesario que Él crezca, y que yo disminuya".

Juan 3:26-30 NASV

El corazón puro de Juan y su claro propósito se reflejan en la Escritura anterior. Si quieres vivir una vida llena de gozo debes dejar que Él crezca, mientras tú disminuyes. Juan se había probado asimismo como un hijo de Dios digno, y su obra fue reconocida por Jesús.

La transición entre Juan y Jesús fue a la vez física y espiritual, demostrando los caminos de Dios. Juan fue la cabeza profética del remanente de la Iglesia de Dios en la tierra previo al bautismo de Jesús. La transición requería un cambio de pactos, así como de liderazgo.

> "Enseguida ella se presentó apresuradamente ante el rey con su petición, diciendo: Quiero que me des ahora mismo la cabeza de Juan el Bautista en una bandeja".
>
> **Marcos 6:25 WEY**

> "Él es también la cabeza del cuerpo que es la iglesia; y Él es el principio, el primogénito de entre los muertos, a fin de que El tenga en todo la primacía".
>
> **Colosenses 1:18 ASV**

El Hijo Eterno era ahora la cabeza sobre la Iglesia para

siempre y Su reino nunca terminaría. El liderazgo de Cristo nunca podría ser engañado, ni se revelaría en contra del Padre. La mente de Cristo es la conciencia de Dios, que es Su imagen y semejanza y que vendrá sobre los que han "nacido de nuevo" y bautizados en Cristo.

Sumergido Dos Veces

La forma del bautismo en la Iglesia primitiva era diferente a la que tenemos hoy y, como resultado, produjo cristianos muy diferentes. El entender a Cristo como el agua física y espiritual, me llevó a investigar el bautismo en la historia. Los resultados te van a estremecer de la misma forma como me sucedió a mí y lo más importante es que estas revelaciones cambiarán profundamente tu entendimiento y tu entrega a Cristo.

La diferencia entre el bautismo de Juan, y el de Jesús, además de la transición entre el antiguo y nuevo pacto, fue también en cuanto a las características de la Trinidad. El bautismo de Juan era en el Padre, mientras que Jesús bautizó discípulos en el Nombre del Padre y en Su Propio Nombre.

Jesús para bautizar requirió no sólo arrepentimiento para con Dios el Padre, sino fe en el Hijo. Él fue el Co-Creador de todas las cosas y también el Mesías para los judíos. Aquellos que aceptaron a Jesús, como salvador, deberían ser sumergidos dos veces.

Los bautismos fueron ante el Padre, tal como Juan predicó y ante el Hijo de Dios. Pablo describe la diferencia entre los dos bautismos en el libro de los Hechos:

> "Entonces él dijo: ¿En qué bautismo, pues, fuisteis bautizados? Ellos contestaron: En el bautismo de Juan. Y Pablo dijo: Juan bautizó con el bautismo de arrepentimiento, diciendo al pueblo que creyeran en aquel que vendría después de él, es decir, en Jesús. Cuando oyeron esto, fueron bautizados en el nombre del Señor Jesús".
>
> **Hechos 19:3-5 NAS**

Me gustaría referir a John G. Lake, uno de los más renombrados ministros de sanidad divina de los tiempos modernos con relación a la práctica de inmersiones dobles.

"He pasado 20 años estudiando este asunto y tal vez con una excepción que yo sepa, he pasado más tiempo en este asunto que ninguna otra persona viva. Me reuní con el reverendo Edward Kennedy, cuyos escritos en la materia del bautismo son respetados como los mejores en los tiempos modernos. Él me refirió a los escritos de los primeros padres.

Encontré sus escritos en el Museo Británico de Londres, donde apoyaron mi creencia del bautismo doble de Jesús mientras que Él estaba en la tierra.

Además, los primeros padres habían reconocido especialmente la diferencia entre el bautismo de Juan y el de Jesús, y habían declarado el bautismo de Jesús como un bautismo doble en el nombre del

Hijo; donde el candidato era sumergido en el agua dos veces, y no solamente una".[1]

En mi opinión, el tema del bautismo doble es importante porque demuestra una influencia creciente de la Trinidad en la tierra y en los hombres.

El poder para vencer al enemigo no es sólo una forma, si no que es sustancia. Jesús conoció el significado de seguir la forma de Dios debido al amor.

El amor es la sustancia en la forma, y es lo que derrota a la maldad, primeramente dentro de nosotros, y después en todos nuestros contornos.

Los bautismos dobles sólo fueron practicados mientras que Él estaba en la tierra. Después de Su resurrección, Él instruyó a los discípulos para bautizar en la completa Trinidad. Esta fue la única vez que Él dio instrucciones en la manera correcta para sellar la inmersión de una persona en el reino.

---

1) John G. Lake, "The Complete Collection of His Life Teachings by Roberts Liardon", Albury Publishing, ISBN 1-57778-075-2, page 187.

Sumergidos en la Completa Trinidad

A fin de volver a establecer los caminos de Dios, ayudaría poder demostrar el modelo y práctica de la Iglesia primitiva. Quiero repetir que no estoy interesado en metodologías o fórmulas. Mi propósito es volver a traer los principios de Cristo para transformar a los hombres en campeones de Dios en la tierra.

Los siguientes artículos confirman la práctica de la Iglesia primitiva, que era sumergir a los candidatos en los nombres de la Trinidad, tres veces separadas. Éste fue el método hasta el papa Gregorio en el año 633 d. c., quien cambió la práctica a una sola inmersión.

Aquí hay una referencia de San Basilio el Grande (330-379) "-- uno de los santos más importantes de la Iglesia ortodoxa: "Este gran signo del bautismo se lleva a cabo en tres inmersiones, con tres invocaciones, para que la imagen de morir en Cristo sea formada por completo, y la persona que está siendo bautizada tenga su alma iluminada con el conocimiento divino" (en ese tiempo no había habido ningún sisma en la Iglesia y todavía era una sola)[2].

Aquí hay una referencia de las constituciones apostólicas escritas en el año 200 d. c.: "si algún obispo o presbítero no realiza las tres inmersiones de una sola admisión, sino que realiza una sola inmersión, lo cual es dado para la muerte en Cristo, el tal sea excomulgado; porque el Señor no dijo, "bauticen en mi muerte", sino que dijo, "vayan y hagan discípulos en todas las naciones, bautizándolos en el nombre del Padre, del Hijo, y del Espíritu Santo".

Por lo tanto, obispos, háganlo así, bautizando tres veces en el Padre, el Hijo, y el Espíritu Santo, de acuerdo a la voluntad de Cristo, y de acuerdo a nuestra constitución por el Espíritu".[3]

"Bautícenlos en el nombre del Padre, del Hijo y del Espíritu Santo en agua viva (agua corriente). Pero si no tienen agua viva, bautícenlos en cualquier agua; y si no es fría, que sea tibia" (baptisate eis to onoma tou patos kai tou huiou kai tou hagiou pneumatos en hudati zonti). "Pero si no tiene ninguna de las dos, deben verter agua tres veces (tris) sobre la cabeza, en el nombre del Padre, del Hijo, y del Espíritu Santo".[4]

Aquí se mantiene la triple acción, incluso en el bautismo clínico, aunque la inmersión es la regla.

"Y de hecho no es una vez, sino tres veces que tenemos que ser sumergidos en las tres personas, haciendo mención de cada uno de sus nombres" (nam nec semel, sed ter, ad singula nomina, in personas singulos, tinguimur)".[5]

---

2) St. Basil the Great, On The Holy Spirit, page 59.
3) Apostolical Constitutions, Ante-Nicene Christian Library, vol. 17, p. 263.
4) The Didache (100-150 A.D.) Chapter VIII.

La introducción de una sola inmersión "en la muerte de Cristo", fue una innovación condenada. Las constituciones apostólicas del año 50, d.c., dicen: "si cualquier presbítero obispo no realiza la iniciación con tres inmersiones, sino que hace solamente una inmersión en la muerte del Señor, el tal sea excomulgado".[6]

El acto de una sola inmersión fue permitido por Gregorio el grande (círca 691) a la Iglesia en España, en oposición a los arianos que usaban una inmersión trina (no trinitaria), lo que fue algo excepcional. La iglesia griega siempre ha bautizado por inmersión trina. La histórica práctica de la Iglesia cristiana se puede resumir en las palabras de Dean Stanley:

"no existe duda alguna que la forma original del bautismo—el verdadero significado de la palabra—era una completa inmersión en las aguas bautismales; y por lo menos durante cuatro siglos, cualquier otra forma fue desconocida o ignorada, excepto en casos de enfermedades peligrosas o como una excepción, y casi en casos monstruosos... unas pocas gotas de agua son ahora el sustituto occidental para la triple inmersión en un río corriente o en uno de los muchos bautisterios de Dios en el este".[7]

"En los primeros tres siglos la práctica universal del bautizmo fue...que todos aquellos que eran bautizados, eran inmersos o sumergidos en el agua"[8]

Jesús es muy preciso cuando escoge Sus palabras. Él introduce a la tercera persona de la Trinidad como el complemento perfecto del Bautizmo celestial. No existe duda alguna de la importancia y significado de estas instrucciones de nuestro Señor. Tampoco puede haber resistencia alguna a ser sumergido tres veces separadas.

---

5) Tertulian.
6) Eunomius (circa 360) Epis., i.43.
7) Greek Church History of Eastern Church, 28.

"Y acercándose Jesús, les habló, diciendo: Toda autoridad me ha sido dada en el cielo y en la tierra. Id, pues, haced discípulos de todas las naciones, bautizándolos (baptizo [9]) en el nombre del Padre, del Hijo, y del Espíritu Santo; enseñándoles a guardar todo lo que os he mandado; y he aquí, yo estoy con vosotros todos los días, hasta el fin del mundo."

Mateo 28: 18 - 20 WEY

Jesús está ordenando lealtad y una fe innegable en Dios el Padre, Dios el Hijo, y Dios el Espiritu Santo, ilustradas por medio de la inmersón en cada uno de sus caracteres y naturalezas. El bautizmo del Reino es una inmersion física y espiritual en el carácter y naturaleza del Padre, del Hijo, y del Espíritu Santo.

La Revelación que hemos descubierto acerca del "Agua Víva" cambia la dinámica con relación a que el agua es sólo física. Creo y practico el hecho de sumergir a aquellos que llevan los frutos de la conversión en el reino de Dios. Sumergir a cada discípulo en la Trinidad ha probado ser una herramienta muy poderosa para cambiar un rito, y convertirlo en la revelación de Cristo.

Además, estoy convencido que la autoridad y poder que son impartidos espiritualmente a través de la inmersión en el Padre, el Hijo y el Espíritu Santo, destruye la conciencia de pecado de una vez y para siempre. En la siguiente Escritura, yo creo que Pedro está hablando acerca del bautismo del reino dirigiéndolo hacia el carácter del Espíritu Santo.

---

8) Christian Institutions, p. 21James Quinter, Triune Immersion as the Apostolic Form of Christian Baptism; C.F. Yoder, God's Means of Grace, Brethren Pub. House, Elgin, Ill., U.S.A.; Smith Dict. of Christian Antiquities, Hastings, ERE; Bible Dicts.; Church Fathers; Church Histories of Baptism. (All of these documents are copied of the public domain of croswire)

9) La palabra griega usada por Jesús para bautismo es "baptizo", que significa sumergido varias veces.

> "Quienes en otro tiempo fueron desobedientes cuando la paciencia de Dios esperaba en los días de Noé, durante la construcción del arca, en la cual unos pocos, es decir, ocho personas, fueron salvadas a través del agua. Y correspondiendo a esto, el bautismo ahora os salva (no quitando la suciedad de la carne, sino como una petición a Dios de una buena conciencia) mediante la resurrección de Jesucristo, quien está a la diestra de Dios, habiendo subido al cielo después de que le habían sido sometidos ángeles, autoridades y potestades".
>
> **1 Pedro 3:20-22 BBE**

Pedro describe un bautismo de poder para atravesar la tormenta y no para escapar de ella. La conciencia del hombre es transformada al bautisarse en la Trinidad a través del bautismo trino.

El poder que le falta a la Iglesia se encuentra al seguir los principios que Cristo instituyó en el bautismo. Pedro está describiendo la salvación como la inmersión en el agua de Cristo. El poder sobre el pecado está en la Trinidad. La inmersión trina es el acto que cambia nuestra mentalidad de pecado a salvación.

La autoridad final sobre los poderes y principados viene después que Jesús nos bautiza con el Espíritu Santo. La inmersión en la Trinidad nos enviste de poder sobre la mentalidad y conciencia de pecado. El fuego del Espíritu Santo es un bautismo continuamente creciente, administrado por Cristo.

> "Pero recibiréis poder cuando el Espíritu Santo venga sobre vosotros; y me seréis testigos en Jerusalén, en toda Judea y Samaria, y hasta los confines de la tierra".
>
> **Hechos 1:8 AMP**

El bautismo en el Espíritu es una inmersión invisible con resultados visibles que va más allá de "hablar en lenguas". La marca de este bautismo reside en las dimensiones espirituales.

Aquellos que verdaderamente han sido bautizados con el Espíritu Santo no están satisfechos con el conocimiento que tienen de Cristo. Ellos han sido marcados con un hambre y una pasión para cambiar su estatus quo.

No son gente de reputación o de reconocimiento, pero muchas veces son los que están intercediendo por las generaciones futuras. Muchos de ellos se encuentran delante del Señor día y noche, orando por misericordia y gracia sobre sus países y naciones.

Sus vidas están dedicadas a la búsqueda del conocimiento de Cristo y de Su Espíritu de maneras mucho más profundas. Ellos son los que están orando por nosotros ahora mismo. El bautismo no es un rito, y si se entiende correctamente, puede cambiar la sociedad.

Las palabras de Cristo están seleccionadas muy cuidadosamente con relación a los principios de "nacer de nuevo" y del bautismo. Dios esperara a que surja una generación que cambie las ceremonias y fórmulas convirtiéndolas en Sus propósitos originales.

Me gustaría escribir mis experiencias con relación al bautismo, pero no tengo la intención de que sea un modelo o una fórmula. Es mi historia y aunque para mí fue dramática y profunda, la de cada persona será diferente.

Uno nunca puede conocer la realidad de Cristo a través de libros y enseñazas. El siempre está cambiando y cada una de Sus características maravillosas es más emocionante y excitante que la anterior. El viaje hacia Cristo es eterno.

Todos aquellos que están dispuestos a renunciar a todas las cosas y confiar en las siguientes palabras de Jesús califican para probar las bondades de Dios.

"Jesús le dijo: Yo soy el camino, y la verdad, y la vida; nadie viene al Padre sino por mí".

Juan 14:6 KJV

MI EXPERIENCIA DEL BAUTISMO

Cuando el Espíritu me reveló a Jesús como el "agua" física y espiritual, me encontraba visitando el río Jordán. De inmediato tomé la decisión de practicar lo que acaba de aprender.

Mi cuerpo y mi espíritu "vibraron de emoción" con solo pensar que concientemente estaba entrando en las mismas aguas que Jesús escogió para consumar Su consagración al Padre. En ese instante, estaba tocando algo más que simplemente agua. Estaba entrando en Jesús Mismo. Su cuerpo, pensamientos, emociones, lágrimas y alegrías estaban abrazando mis pies en lo que yo identifiqué como agua, pero que de hecho me quemaba.

El pulso de mi corazón estaba acelerado, mientras que mi mente me mostraba una imagen de agua circulando alrededor del desagüe de un fregadero. Era como si todo dentro de mí, estaba siendo liberado de la teología y de las ideas preconcebidas. Podía ver "mi vida religiosa" vaciándose por el desagüe de mi mente.

En algún momento, el cielo se abrió y tuve una visión de Jesús entrando al Jordán. A medida que observaba, parecía como si Jesús estuviera entrando a la sustancia líquida del agua, pero a medida que caminaba, el agua comenzaba a brillar hasta que se hizo más brillante que el sol. Parecía como si Jesús estaba siendo sumergido en Cristo.

Jesús era y es el Cristo. Sin embargo, cuando Él nació tenía en el cuerpo y alma la condición del primer Adán. Su nacimiento físico y su vida sin pecado es lo que le da toda autoridad y todo poder. Jesús tenía que convertirse en el Cristo en su alma y en su cuerpo. Cuando Jesús entró al agua del Jordán, unió el cielo y la tierra con "el conocimiento" de la conciencia de Cristo, transformando el $H2O$ en una sustancia celestial.

¿Qué clase de conocimiento, te preguntarás? El conocimiento de la creación, donde dice: "En el principio creó Dios". Jesús entró a la sustancia que representa la eternidad que no tiene tiempo ni forma. É Es, Él Era y Él Será. El agua es el conducto hacia el comienzo eterno al que sólo Él tenía acceso, por Su sumisión al propósito del Padre.

El Señor revela tesoros escondidos a todos aquellos que se convierten a Su reino. El acceso a las riquezas de Su reino se encuentra escondido dentro de nuestra voluntad para someternos a Su propósito.

Todos los que tienen carencias o se encuentran enfermos en su mente o en su cuerpo, no están cumpliendo sus destinos. Debes tomar la decisión de "entrar a Cristo". Si tú estás en Cristo, has perdido el derecho de tener opinión o decisión.

El Espíritu Santo te guiará al desierto, para que puedas completar tu sumisión. Una vez que has pasado la prueba, Él te guiará hacia la victoria todo el tiempo.

La prueba durará mientras insistas en hacer las cosas a tu manera. Muchos que creen que son cristianos están viviendo una percepción falsa de la realidad. Sus vidas no cambian independientemente de la iglesia a la que asistan o de quien ore por ellos.

Durante mi bautismo, mi nombre fue sumergido dentro del Suyo. De hecho, Dios me dio un nombre que Él usa en ocasiones especiales y me convertí en Su amado por la eternidad. Ya no me preocupa el pasado o el mañana. ¡Mi único propósito es agradarlo! La vida como la conocí perdió todo significado y propósito.

El gozo que he encontrado a través de los años ha consistido en descubrir lo mucho que yo significó para Él. ¿Has tenido esa experiencia? Él está esperando hacerte Suyo para siempre. Él tiene el poder para mantenerte seguro y a salvo. Creo que el bautismo que Jesús desea es la inmersión de cada persona en la Trinidad: El Padre, el Hijo, y el Espíritu Santo.

Mi experiencia fue algo más allá de lo que yo hubiera imaginado o soñado. Una ola increíble de luz llenaba mi corazón cada vez que mi cuerpo era sumergido en un miembro de la Trinidad. También experimenté una lluvia de emociones y de conocimiento con cada inmersión en la personalidad divina, completada con una revelación de su carácter y naturaleza. Fui bautizado en Dios el Padre y experimenté un amor por los seres humanos que nunca había sentido antes.

Quiero producir y reproducir hijos a Su imagen. El amor es el poder sobrecogedor que sumergió mi corazón y mi alma. Cuando fui bautizado en el

Nombre de Jesús, la naturaleza del Hijo fue revelada. Al instante testifiqué la sumisión y la obediencia desde la perspectiva celestial. Jesús reveló un carácter y naturaleza de Sí Mismo que yo nunca había visto u oído.

El poder de la obediencia y la fuerza de la sumisión abrieron los cielos y revelaron la autoridad que Él escondió del mundo.

La experiencia de ser sumergido en el Espíritu Santo me impartió una revelación del poder que Jesús dijo a Sus discípulos que esperaran en Jerusalén para recibirlo.

Mi espíritu fue sumergido en el Espíritu, exponiendo la eternidad a mi mente y el entendimiento del final desde el principio. El agua donde fui sumergido se convirtió en la vida y en el Cristo Viviente en cada poro de mi cuerpo. Fui sumergido en agua física, pero mi alma y mi espíritu fueron iluminados con una sustancia que sólo puedo describir como una luz gloriosa.

Recordé que Jesús entró al Jordán por las razones que describimos anteriormente, pero algo mucho más poderoso sucedió en ese momento. Tal y como lo dije antes, creo que Jesús es el "Agua Viva", tanto física como espiritual.

Jesús sin pecado alguno fue sumergido en el Cristo perfecto uniendo Su Espíritu con Su Alma y Su Cuerpo. Él fue perfeccionado y se convirtió en el autor de la salvación eterna (Hebreos 5:9).

El Cristo se convirtió en el Hijo Perfecto y en el Segundo Adán a través de Su bautismo. El cielo y la tierra fueron reunidos en Él, como en el principio de la creación. Debes recordar que inmediatamente después de salir del agua, el cielo se abrió y el Espíritu Santo descendió sobre Él, y Dios el Padre presentó a su Hijo.

La "Palabra o Verbo" fue sumergido dentro del H2O terrenal. Los testigos mencionados en 1 Juan 5 estaban siendo manifestados en varios niveles.

> "Porque tres son los que dan testimonio en el cielo: el Padre, el Verbo y el Espíritu Santo, y estos tres son uno. Y tres son los que dan testimonio en la tierra: el Espíritu, el agua y la sangre, y los tres concuerdan".
>
> **1 Juan 5:7-8 KJV**

La misma "Palabra" que creó los cielos y la tierra estaba siendo sumergida en el elemento que Él creó desde el cielo. El reino de los cielos era ahora en la tierra como en el cielo. El bautismo en este mundo era verdaderamente una inmersión celestial y no un rito simbólico.

El breve tiempo que estuve debajo del agua, el Señor me sumergió en una visión celestial del antes de la fundación del mundo para mostrarme al Único, que Es, que Era, y que Ha de Venir.

La dimensión sin tiempo en Cristo es AHORA ya que el pasado y el futuro han sido completados en Él. Tuve un destello de la experiencia que Pablo describe en el siguiente versículo:

> "Y conozco a tal hombre (si en el cuerpo o fuera del cuerpo no lo sé, Dios lo sabe) que fue arrebatado al paraíso, y escuchó palabras inefables que al hombre no se le permite expresar".
>
> **2 Corintios 12:3-4 NET**

No soy capaz de transmitir por completo las experiencias de ese evento, pero el Señor me instruyó para que manifestara el "Agua Viva" en este mundo moribundo. El dijo, "yo voy a exaltar a aquellos cuyo carácter demuestra humildad y paciencia. No te preocupes en hacer cosas buenas, sino que bebe profundo y continuamente de Mi Espíritu".

Además dijo: "Nunca tengas miedo, ni te sorprendas por los eventos que sucederán en el planeta, debes ser inamovible y muy firme en los tiempos por venir.

Luego añadió: "El final y el principio han sido escritos antes de la fundación del mundo, y aquellos que se enfocan en la tribulación y en el anticristo perderán lo que Él ha preparado para los que Lo aman hoy".

SECCIÓN V

"Ese Día" es Ahora

Muchos líderes religiosos y científicos hablan acerca de un tiempo y de un "día" que vendrá, en el que los problemas de los hombres serán resueltos.

El mundo está buscando soluciones en el futuro, totalmente inconciente de que el origen de sus problemas es su propia condición espiritual. La iglesia fue diseñada para proveer soluciones, pero en lugar de hacer esto, lo único que ofrece es tradición religiosa y teologías "para después de la muerte".

La mentalidad de Adán es el problema de las circunstancias y condicion en que se encuentra la tierra. Por lo tanto, el hombre que no es capaz de salvarse a sí mismo ni a nadie más, a fin de preservar la ilusión de control, promete soluciones a futuro.

Deben prometerse nuevos sueños a las siguientes generaciones, a fin de esconder las fallas del pasado, hasta que el caos surja en la forma de guerra, hambrunas, o plagas.

Dios conocía las opciones de la humanidad y el futuro aún antes de la fundación del mundo, y proveyó la solución desde el principio. Dije que Génesis era el principio y el fin. "En Cristo" está la solución para la carga de la humanidad.

Los libros de Génesis y Hebreos describen la transición del antiguo pacto al nuevo.

> "Y en el séptimo día completó Dios la obra que había hecho; y reposó en el día séptimo de toda la obra que había hecho. Y bendijo Dios (hablo bien acerca de) el séptimo día y lo santificó, porque en

él reposó de toda la obra que El había creado y hecho".

Génesis 2:2-3 AMP

Dios creó seis días para que el hombre completara la misión que Él le había encomedado y de hacerlo adecuadamente lo llevaría "al día" que Él preparó para los que Lo aman. Cada día provee pan, perdón y poder sobre la maldad a fin de colocarnos en "aquel día".

El séptimo día es diferente de cualquier otro, porque es el único en el que Él iba a habitar. La religión nos enseña que tenemos que prepararnos para el día de la tribulación, para la destrucción, muerte y confusión, antes de que encontremos el reposo eterno.

Dios creó el séptimo día santificándolo y bendiciéndolo para Él Mismo. La palabra santificado significa apartado, separado, o santo.

"Santifícalos en la verdad; tu palabra es verdad".

Juan 17:17 WEB

Todos los que han leído hasta aquí, espero que entiendan que la "Palabra" y la "Verdad" es Jesús. El también es el séptimo día, y debido a que los hombres fueron creados en el sexto día, la raza humana fue colocada en una posición donde le es fácil entrar al reposo de Dios con muy poco esfuerzo.

El mensaje del Evangelio para hoy es el mismo que en el Génesis. Jesús está listo para recibir a todos aquellos que quieran entrar en Él.

Hemos sido condicionados religiosamente para pensar que "el Evangelio" es el mensaje de Jesús muriendo por nuestros pecados, resucitando, ascendiendo a los cielos y regresando otra vez.

Nadie puede disputar que estas son las noticias más emocionantes desde la separación que sufrió el hombre de Dios, pero si esta es la única definición, ¿de qué está hablando el autor del libro de Hebreos?

> "Porque en verdad, a nosotros se nos ha anunciado las **Buenas Nuevas,** como también a ellos; pero la palabra que ellos oyeron no les aprovechó por no ir acompañada por la fe en los que oyeron. Porque los que hemos creído entramos en ese reposo, tal como El ha dicho: Como juré en mi ira: "no entrarán en mi reposo", aunque las obras de El estaban acabadas desde la fundación del mundo. Porque así ha dicho en cierto lugar acerca del séptimo día: Y Dios reposó en el séptimo día de todas sus obras; y otra vez en este pasaje: no entrarán en mi reposo".
>
> **Hebreos 4:2-5 WEB, énfasis del autor**

Algunos teólogos enseñan que la referencia del Evangelio **(Buenas Nuevas)** que se menciona en el libro de Hebreos se refiere a la tierra prometida. Creo que esto es sólo una parte de lo que el escritor está mencionando.

En mi opinión, la tierra física de Israel nunca resolverá sus problemas fuera de Jesús. De otra manera, la siguiente Escritura no hubiera sido añadida.

> "Porque si Josué les hubiera dado reposo, Dios no habría hablado de otro día después de ése. Queda, por tanto, un reposo sagrado para el pueblo de Dios. Pues el que ha entrado a su reposo, él mismo ha reposado de sus obras, como Dios reposó de las suyas".
>
> **Hebreos 4:8-10 BBE**

Creo que el Espíritu Santo estaba intentando cambiar la mentalidad del pueblo de Dios en esos días de la misma manera como lo está haciendo en la actualidad.

El mundo físico no es la respuesta para nuestra condición espiritual.

El mundo está girando en su miseria debido a que rehúsan entrar en el reposo de Dios a través de la persona de Cristo. ¿Acaso "reposar" de nuestros trabajos quiere decir: renuncia a tu trabajo y sube los pies al sofá? Por supuesto que la respuesta es no. El mundo visible es físico y nuestros cuerpos también lo son.

> "Porque el ejercicio físico aprovecha poco (es útil para muy poco), pero la piedad (el entrenamiento espiritual) es provechosa para todo, pues tiene promesa para la vida presente y también para la futura".
>
> **1 Timoteo 4:8 AMP**

Los problemas en nuestra vida personal y en el mundo físico son el resultado de no entender nuestra naturaleza espiritual.

El día sábado no es un día religioso, ni tampoco un día del calendario de la semana.

Me asombra encontrar tanta gente que está tan ansiosa para seguir religiosamente los mismos ritos y costumbres que Jesús vino a cambiar.

Eso tal vez indica el hambre que tienen de reproducir el poder que leen en la Biblia, pero que no han podido experimentarlo en sus congregaciones.

Eso no es sino "forma sin sustancia", y es la razón por la cual Jesús Se manifestó y trajo Su reino.

El problema, desafortunadamente, consiste en que mucha gente interpreta las Escrituras sin tener intimidad con "La Palabra". Por ejemplo, existen los que creen que la Biblia habla de cierto tiempo cuando Dios reconstruirá Su templo para sacrificar carneros y toros. Esa misma gente celebra días "de fiesta", incluyendo "el día sábado".

Ellos tienen muchas escrituras para justificar sus acciones, pero en la raíz de todo esto está la creencia de que Dios no cambia. Las siguientes son algunas Escrituras que ellos citan en su defensa:

"Jesucristo es el mismo ayer y hoy y por los siglos".
Hebreos 13:8 NET

"Porque yo, el Señor, no cambio; por eso vosotros, oh hijos de Jacob, no habéis sido consumidos".
Malaquías 3:6

"¡Porque yo, Jehová, no cambio; por eso vosotros, oh hijos de Jacob, no habéis sido consumidos!"
Malaquías 3:6 NRSV

El versículo de Hebreos lo cita Jesús en Apocalipsis 1:8 como Aquel que Es, que Era, y que Ha de Venir. Jesús es el Antiguo Testamento, Él es el Nuevo Testamento, y Él será lo que tú o yo necesitemos en el futuro para cambiar la religión por Su revelación.

El pacto de Dios es Jesús. El siempre ha sido el pacto, no reglas, leyes o cualquier otro tipo de sistema religioso. Dios cambia continuamente a los ojos de los que tienen el deseo de conocerle.

La eternidad no se mide por el tiempo, y el hecho

de asumir que Dios es el mismo, porque tú no has progresado es insensato. El Espíritu Santo fue enviado para enseñarnos todas las cosas.

> "¡Oh, USTEDES gálatas insensatos! ¿Quién os ha fascinado a vosotros, ante cuyos ojos—justo frente a los ojos de ustedes—Jesucristo (el Mesías) fue presentado públicamente como crucificado?"
>
> **Gálatas 3:1 AMP**

Por lo tanto, la labor de entrar en Su reposo habla acerca de rasgar el velo mental, que ha atado y restringido tu espíritu, impidiendo que puedas conocer a Cristo. Imagínate a ti mismo atado en las ropas que tenía Lázaro en la tumba, mientras que Jesús está gritando tu nombre para que SALGAS.

El esfuerzo que se requiere para levantarse y luchar en contra de todos los pensamientos religiosos a que has sometido tu mente y tu cuerpo es el trabajo del que habla el libro de Hebreos.

> "Pero buscad (establece el objetivo y lucha por el) primero su reino y su justicia (Su manera de hacer las cosas correctas y de estar correcto), y todas estas cosas os serán añadidas".
>
> **Mateo 6:33 AMP**

Jesús explicó la prioridad de la vida a Sus discípulos, describiéndoles el séptimo día. Jesús es el reino y Él es la justicia de Dios. El cielo y la eternidad comienzan en "ese día" cuando tú "entras en Él" y en Su justicia. El final de tu tiempo es cuando tu entras en Aquel que no tiene tiempo alguno y que se menciona en el siguiente versículo:

> "Dios otra vez fija un día (un nuevo día): Hoy (y da una nueva oportunidad de asegurar todo el resto).

Diciendo por medio de David después de mucho tiempo, como se ha dicho antes: Si oís hoy su voz, no endurezcáis vuestros corazones".

Hebreos 4:7 AMP

Ese día es Hoy, y todos los que tienen su corazón abierto, escucharán un nuevo sonido de libertad y un nuevo nacimiento. Entonces, trabaja para romper todas las imágenes mentales y condicionamientos, para poder nacer en Cristo.

Todo el mundo está buscando liberación de las tormentas de la vida.

Muchos me dicen que quieren conocer la verdad y que están cansados de la religión. Yo les digo que "entren en Cristo" y que sean libres.

Su Palabra está viva y te liberará de tus obras si entras en Su reposo. Antes de la creación, Dios diseñó el mundo visible y el invisible para qué interactuarán a través de Cristo.

El agua fue el medio seleccionado, y es el instrumento que Dios usa todavía para nutrir y cuidar a Sus criaturas.

El agua es un elemento espiritual del cielo, para asegurar nuestra vida física y nuestra conexión espiritual con Dios.

Dios diseñó este universo tan maravilloso para que el hombre pudiera descubrir Sus caminos y maravillas. Sin embargo, Adán desobedeció a Dios por confiar en sus propios sentidos, produciendo una mentalidad perpetua de pecado para todas las generaciones.

Adán es el retrato del hombre de hoy. Se deja llevar por el temor, la ambición, y la codicia, debido a que su alma fue corrompida con iniquidad al creerle al diablo.

La iniquidad no es el pecado, pero es la fuente de toda maldad que corrompe el gusto del hombre por el "Agua Viva". El pecado, la enfermedad, y los padecimientos son las condiciones físicas y espirituales de todos aquellos que beben de la fuente de agua equivocada.

El segundo Adán, que es Jesús, proveyó las respuestas para vencer esa mentalidad, al depender del Espíritu Santo. Aquellos que desean "el nuevo nacimiento" deben nacer del agua y del Espíritu. La creación y el nuevo nacimiento son lo mismo, y producirán vida y luz de los hombres.

El espíritu del hombre debe entrar al Espíritu de Cristo para "nacer de nuevo". No hay fórmulas, ni repetición de las Escrituras, que pueda producir esta realidad en la vida de alguien.

El mundo invisible es la realidad. El "Agua Viva" del cielo manifestó el reino eterno en la tierra para todos los que anhelan beberla. La fe es la Palabra Viva y se desarrolla a través de beberlo a Él.

Él estableció el reino eterno que trasciende tanto la dimensión visible, como la invisible. **El hombre es un ser espiritual que ha estado en coma por siglos, pero que todavía no ha muerto.**

La Palabra es vida y luz, y es el alimento sólido para nuestro espíritu, que producirá Su misma imagen y semejanza. El bautismo es espiritual y físico, y "sella" perpetuamente a Sus verdaderos discípulos.

El poder de ser sumergido en las personas de la Trinidad con su respectivo carácter es una de las

verdades más profundas que el diablo ha velado con la religión.

Jesús demostró el reino de los cielos en la tierra, e instruyó a Sus discípulos para que hicieran lo mismo. El describió como "nacer de nuevo", y dejó instrucciones con relación al bautismo. Si genuinamente has "nacido de nuevo", eres Su discípulo, y tu herencia consiste en hacer mayores obras.

Los planes de Dios han sido completados en Cristo, y la única manera en que podemos vivir separados de este mundo es con Su mente.

El cuerpo de Cristo siempre tendrá un remanente en la tierra. Esperamos ver a la siguiente generación operando en "obras mayores".

Para mí, la Biblia es una puerta para experiencias mas allá del tiempo y del espacio. Recientemente, el Espíritu Santo me mostró una visión, que literalmente me llevó a sentir y experimentar lo que Jesús estaba batallando antes de ir a la Cruz. La sensación fue tan fuerte y tan "real", que casi perdí el sentido.

Era la intensa lucha de no permitir que ningún pensamiento de la dimensión física entrara a Su mente. Él era capaz de discernir los pensamientos de los hombres, debido a Su posición en Dios.

El poder del enemigo consiste en capturar nuestros pensamientos y enfocarlos en nuestro pasado o en nuestro futuro. Cuando entiendes esta estrategia, estarás vigilante para no confiar en las imágenes de tu mente o en los síntomas de tu cuerpo.

El Espíritu Santo destruirá las voces de temor, y las reemplazará con pensamientos de victoria. La muerte perderá su aguijón, junto con todas aquellas imágenes que alguna vez creíste eran reales. La autoridad de Cristo es absoluta y final, y no debes confundir Su crucifixión con debilidad. Jesús usó la Cruz para destruir la muerte y el infierno.

Él te está pidiendo que tomes tu lugar en Él, y que dejes tu pasado y tu futuro en la cruz.

Penseamientos Finales

Mis experiencias sólo han comenzado, y estas revelaciones son para provocarte y que llegues a hacer todo lo que sea necesario para "entrar en Cristo".

No debes sentirte satisfecho, ni distraerte por las circunstancias que te rodean. ¡Tú tienes todo lo que se necesita para "nacer de nuevo"! Si estás hambriento y sediento, debes desarrollar una relación con el Espíritu Santo.

Él responde a la adoración y a las acciones de gracias. El tiempo invertido buscando del Espíritu Santo te será multiplicado por 1000 veces más. Él es Quien tiene acceso a nuestro Rey, y Él comparte los secretos del reino con aquellos en quienes puede confiar.

Él es más precioso para mí que cualquier otra cosa en mi vida. Cada vez que me despierto, mis primeros pensamientos son acerca de Él, y si Él está ausente, de inmediato comienzo a arrepentirme por cualquier pensamiento o acción con que yo Lo haya podido ofender.

Mi mentalidad en Cristo ha cambiado dramáticamente debido a Él, y si tú tienes el deseo de agradarle, hazlo porque nada será imposible. La aventura para la eternidad comienza una vez que "entras en Cristo". ¿Estás sediento?

Nada es imposible para aquellos que beben de Él y que han sido sumergidos en Él.

> "Y el Espíritu (Santo) y la esposa (la iglesia, los verdaderos cristianos) dicen: Ven. Y el que oye, diga: Ven. Y el que tiene sed (todo el que el que

se encuentra consciente dolorosamente de la necesidad que tiene de todas aquellas cosas por las cuales el alma es refrescada, sostenida, y fortalecida), venga; y el que desea, que tome gratuitamente del agua de la vida".

Apocalipsis 22:17 AMP

DE ETERNIDAD A ETERNIDAD

Bibliografía

•John G. Lake, The Complete Collection of His Life Teachings by Roberts Liardon, Albury Publishing, ISBN 1-57778-075-2, page 187.

•St. Basil the Great, On The Holy Spirit, page 59.

•Apostolical Constitutions, Ante-Nicene Christian Library, vol. 17, p. 263.

•The Didache (100-150 A.D.) Chapter VII

•Tertullian

•Eunomius (circa 360) Epis., i.43.

•Greek Church History of Eastern Church, 28.

•Christian Institutions, p. 21James Quinter, Triune Immersion as the Apostolic Form of Christian Baptism; C. F. Yoder, God's Means of Grace, Brethren Pub. House, Elgin, Ill., U.S.A.; Smith, Dict. of Christian Antiquities; Hastings, ERE; Bible Dicts.; Church Fathers; Church Histories, and Histories of Baptism. (All of these documents are copied from the public domain of crosswire).

Otros Libros Recomendados

La Llave Maestra de Dios

En esta nueva edición -con una portada renovada- descubrirás los secretos de dar, orar y ayunar. Además entenderás cómo conquistar al "espíritu de Mamón" para caminar bajo los diseños de Dios.

La Mente de Cristo

Tu vida es la manifestación de lo que crees en tu mente, pero Jesucristo creyó desde su espíritu, por eso conquistó la muerte. ¿Estás dispuesto a creer como Él y ser un vencedor?

WWW.VOZDELALUZ.COM

Voice Of The Light Ministries

www.ingramcontent.com/pod-product-compliance
Lightning Source LLC
Chambersburg PA
CBHW072344100426
42738CB00049B/1611